Peter Bachér

Liebe ist alles

Peter Bachér

Liebe ist alles

LangenMüller

Besuchen Sie uns im Internet unter
www.langen-mueller-verlag.de

1. Auflage März 2006
2. Auflage Juni 2006
3. Auflage Juli 2006

Umschlaggestaltung: Wolfgang Heinzel
Umschlagmotiv: Foto Concepts Betina Hüß
Satz: VerlagsService Dr. Helmut Neuberger
& Karl Schaumann GmbH, Heimstetten
Gesetzt aus der 11,5/14 Punkt GaramondBQ
Druck und Binden: GGP Media GmbH, Pößneck
Printed in Germany
ISBN 3-7844-3035-X
ab 1. 1. 2007: ISBN 978-3-7844-3035-5

Inhalt

Vorwort

Eine Welt ohne Liebe – undenkbar, unvorstellbar. Eine solche Welt wäre ein Ort der Kälte und des Todes. Nicht bewohnbar für uns Menschen, die wir Liebe brauchen wie Pflanzen das Licht. Ohne die kleinen Gesten der Nächstenliebe wäre unser Alltag trostlos, kaum zu ertragen. Für alles, was um uns und durch uns geschieht, gilt das Poeten-Wort: »Das ist der Liebe Zaubermacht, dass sie veredelt, was ihr Hauch berührt.«

Wie Güte, Gnade, Barmherzigkeit gehört Liebe zu den Gotteseigenschaften. Liebe kann man nicht kaufen, nicht manipulieren, nicht erzwingen – das macht sie so kostbar. Sie kommt unangemeldet, ist plötzlich da und gibt allem Geschehen Glanz. Rätselhaft, warum wir in der kurzen Spanne, die wir auf Erden unterwegs sind, so viel Lieblosigkeit zulassen, nicht achtsam sind und uns nicht selber tätig um Liebe bemühen. Und der Liebe oft den ersten Rang verwehren – vor Gewinnsucht, Eitelkeit, Gefühlskälte, Machthunger. Wir spüren es, auch wenn wir es im Gewitter der Schlagzeilen, die von einer aus den Fugen geratenen Welt künden, oft nicht wahrhaben wollen: Es gibt eine tiefe Sehnsucht, Liebe und Güte zu verschenken und selbst zu erfahren, es gibt ein wachsendes Bewusstsein dafür, dass alles fehlt, wenn Liebe fehlt.

Das Geheimnis der wahren Liebe? Sie bewahrt ihr Geheimnis

Langsam schiebt sie ihre Hand über den Tisch, ergreift die Hand des Moderators. Zuvor hatte Reinhold Beckmann die 84-jährige Dame gefragt, wie sie mit ihrem Mann umgegangen ist, wenn er, von Sorgen erfüllt, heimkam; beispielsweise nach der Entführung und Ermordung von Hanns Martin Schleyer durch die RAF. Und wie sie ihm mit ihrer Liebe in solchen schicksalsschweren Momenten helfen konnte.

Mit dieser Geste, allein mit dieser Geste, sagte Loki Schmidt, und dann sagte sie noch, dass dieses Hineinschmiegen der einen Hand in die andere völlig genug gewesen sei, dass damit eigentlich alles gesagt wurde – bedarf Liebe immer der Worte?

Diese mich anrührende Geste, die ich nachts im Fernsehen miterlebte – und warum gibt es die besten Sendungen oft erst dann, wenn sich der Abend in die Nacht verwandelt? –, diese Geste also habe ich deshalb in meine Erinnerung genommen, weil sie aus einer Welt kommt, die nicht mehr von dieser Welt ist.

Denn die Welt des neuen Jahrtausends ist laut,

lärmend, schamlos bis an die Schmerzgrenze. Es ist die Welt, der wir uns nicht entziehen können, die Welt der Massenmedien. Sie dringt über jeden Fernsehkanal zu uns, sie kennt keine Uhrzeit und keine Schonung, sie hat sich ihre eigenen Gesetze geschaffen, ihre Bilder springen uns an jedem Kiosk an.

Und: Man redet dauernd von Liebe, aber meint nur sich selbst. Es ist nicht jene Liebe, von der vor hundert Jahren noch ein Dichter schwärmen konnte, »dass sie mit ihrer Zaubermacht veredelt, was ihr Hauch berührt«.

Es ist vielmehr eine selbstverliebte Liebe, die um nichts anderes als mediale Aufmerksamkeit ringt, die sich mit dem Fanfarenstoß »Jetzt rede ich!« Gehör verschaffen will – was schwierig geworden ist in einer Gesellschaft, die das Zuhören, das bewusste Hineinhören in den anderen, weitgehend verlernt hat.

Für diese mediale Aufmerksamkeit von Millionen Menschen, die die Selbstdarsteller nicht kennen, die für ihr Leben auch völlig bedeutungslos sind, sind sie gleichwohl bereit, vor dem Altar der Eitelkeit ganz tief niederzuknien. Dabei nehmen sie in Kauf, einen Menschen zu verletzen, mit dem sie einst angeblich »in Liebe« verbunden waren, worauf dieser zum Gegenschlag ausholt und ebenfalls öffentlich den Blick in seine verwundete Seele freigibt.

Dabei ist das Geheimnis wahrer Liebe, dass sie ihr Geheimnis bewahrt, dass sie sich dem Urteil und der Beurteilung anderer entzieht. »Die meisten Ereignisse sind unsagbar«, schrieb Rainer Maria Rilke am 17. Februar 1903 in seinen berühmt gewordenen Briefen an einen jungen Dichter, »sie vollziehen sich in einem Raume, den nie ein Wort betreten hat.«

... den nie ein Wort betreten hat. Wie wunderbar das klingt! Und wenn wir mit uns selbst ehrlich sind: Spüren nicht auch wir zuweilen in uns die Sehnsucht, einiges von dieser Stille und Zurückgenommenheit zurückzugewinnen?

Beschleicht uns angesichts der medialen Dauerberieselung nicht hin und wieder dieses Gefühl, dass wir in einer die Liebe krank machenden Zeit leben, in der das Wort LIEBE in millionenfacher Abwandlung zwar gebraucht, in Wahrheit aber doch eher missbraucht wird?

Es war nur eine winzig kleine Geste der Zärtlichkeit, mit der die Frau des ehemaligen Bundeskanzlers Helmut Schmidt uns einen Blick in den Raum gewährte, »den noch nie ein Wort betreten hat«, um mit diesem Dichterwort zu schließen.

Aber diese Geste entschlüsselte ungewollt, wie es möglich war, ein halbes Jahrhundert bei höchster physischer und seelischer Belastung miteinander verbunden und »glücklich« zu sein – auch so eine abgedroschene Vokabel, aber es gibt leider keine andere …

Treue muss Ewigkeit wollen

Mein lieber Freund, lieber Bräutigam, das Buch ist vierzig Jahre alt, von dem ich hier erzähle, es ist 1963 erschienen, da gab es die 68er noch nicht, aber die sexuellen Entfesselungskünstler waren schon unterwegs, wir erinnern uns daran, die einen schmerzhaft, die anderen voller Genugtuung.

Dieses Buch stammt von dem spanischen Kulturphilosophen José Ortega y Gasset, es handelt von der Liebe in all ihren Facetten. Und damit bin ich bei Ihnen, mein Freund, und bei Ihrer Hochzeit. Denn dieses Büchlein hat den berauschenden Titel: »Triumph des Augenblicks, Glanz der Dauer«.

Was mich im Zusammenhang mit der Hochzeit weniger interessiert, ist der Triumph des Augenblicks, den erleben wir immer wieder: wenn wir auf eine quälende Frage unerwartet eine Antwort bekommen, wenn eine E-Mail ein nicht mehr für möglich gehaltenes Wiedersehen mit der geliebten Frau verspricht, wenn ein Kuss den Augenblick besiegelt.

Diese Augenblicke des Triumphs geringer zu achten, wäre töricht. Aber diese Augenblicke können dem Glanz der Dauer nicht das Wasser reichen, wenn das Gefühl der Verantwortung füreinander und die versprochene Treue zueinander plötzlich das Leben bestimmen. Das bedeutet zugleich: Die Fluchttür wird verschlossen. Sie haben das Bequeme und Unverbindliche, das unseren Zeitgeist beherrscht, ausgesperrt.

Nun gehört die Liebe zwischen zwei Menschen zu den Dingen, die nach Rainer Maria Rilke nicht so leicht fassbar und sagbar sind, »weil die meisten Ereignisse sich in einem Raum vollziehen, den nie ein Wort betreten hat«. Eine Bemerkung, die die tiefsten Tiefen unserer Existenz berührt: Kennen wir nicht alle das Gefühl von Verlorenheit und Einsamkeit inmitten vieler Menschen, erleben wir nicht, dass unsere Gefühle plötzlich erstarren angesichts einer Eiseskälte, die uns zuweilen umgibt. Und gibt es diese Erfahrung zuweilen nicht sogar in jenem Raum, den ein Fremder nie betreten kann – der Raum unserer Liebe in der Ehe?

Was ist das überhaupt, eine gute Ehe? Sie ist ein Gespräch ohne Anfang und ohne Ende. Sie ist das Gefühl, dass eigentlich alles erst begann, als der geliebte Mensch kam. Eine gute Ehe gibt einem Mann die große Chance, die ganze Welt zu umarmen in seiner Frau.

Sie beide, lieber Freund, sind in einem Alter, da der Sommer dem Herbst die Hand reicht, die

Sonnenstrahlen wärmen noch, aber sie fallen schon schräg und tauchen alles in ein goldgelbes Licht. Ich habe bei dem Philosophen Friedrich Wilhelm von Schelling einen Gedanken gelesen, der wie kein anderer auf Ihre Zweisamkeit passt: »Das ist das Geheimnis der Liebe, dass sie solche verbinde, deren jedes für sich sein könnte – und doch nichts ist und sein kann ohne das andere.«

Natürlich, jeder von Ihnen beiden hat bis heute »sein Leben« geführt, es gab keinen Grund, an diesem Status etwas zu ändern, auch keine Konvention zwingt Sie, heute vor den Standesbeamten und vor den Altar zu treten.

Aber als ich dann in der Kirche die Sätze hörte: »In guten und in bösen Tagen – bis dass der Tod euch scheidet«, da klang das für mich wie ein Glockenton aus fernen romantischen Zeiten und doch war es beglückende Gegenwart!

Ja, ich liebe es, bei Hochzeiten dabei zu sein. Weil dort die Liebe in einem purpurnen Gewand daherkommt, nicht in modisch zerfetzten Jeans. Und weil man spürt, dass inmitten dieser lauten, von Untreue zugedröhnten Welt die edelsten Gefühle doch immer mal wieder eine Chance haben; die den Glanz der Dauer verheißen, den ich Ihnen beiden wünsche.

»Einfach nur so« – Wie wenig Lärm machen die wirklichen Wunder?

Die Blumen standen vor der Tür. Sie standen da wie hingezaubert. Ein Nachbar hatte sie entgegengenommen, und nun standen sie da, und die Tulpen reckten ihre Köpfe, als wollten sie mir zuflüstern: Es gibt nicht nur uns Blumen, es gibt auch eine Nachricht, die in dem kleinen Kuvert versteckt ist, das den Blumen beigefügt wurde.

Damit kein Irrtum aufkommt: Es handelt sich hier um nichts Dramatisches; es gibt keinen Anlass, den es zu würdigen gilt, Geburtstag, Hochzeitstag, einen Karrieresprung, was auch immer. Es handelt sich nur … Aber schauen wir mal in den Umschlag.

Dort fand ich einen Zettel, auf dem nur drei Wörter hübsch aneinander gereiht geschrieben wurden, darunter der Name der Frau, die mir diese Überraschung zugedacht hat. Und diese drei Wörter lauten: »Einfach nur so«.

Mit anderen Worten: Diese drei Wörter wollten mir nur sagen, dass man mir eine Freude machen möchte, »einfach nur so« – nicht, weil ich irgendetwas Wichtiges getan hätte, sondern nur, um eine Nähe zu zeigen, die uns in Gedanken verbindet, die wir miteinander haben, aber nicht ausleben können –, sie in Hamburg, ich in München.

Wer trägt außer der räumlichen Trennung daran die Schuld? Es ist der Alltag. Der Alltag ist ein Zeitfresser. Ich wollte schon lange mal mit ihr telefonieren, hatte auch schon öfter die Nummer rausgesucht, aber dann kam etwas dazwischen. Es kommt immer so viel dazwischen bei uns allen, die wir wie Jongleure versuchen, möglichst viele Bälle gleichzeitig in der Luft zu halten: eine Einladung hier, eine Reise dort, ein Event, ein Arztbesuch, ein Anruf des Chefs, irgendetwas kommt immer dazwischen.

Und all das an Zuwendung, was ganz ohne irgendeine Absicht geschehen sollte, »einfach nur so«, das kommt zu kurz oder findet überhaupt nicht statt.

Der Grund: Wir leben zu schnelllebig. Dadurch beschleicht uns so oft abends das Gefühl, den Tag verplempert zu haben. Nicht, dass wir Zeit totschlagen, das tun wir schon lange nicht mehr, aber wir kriegen die Dinge nicht mehr auf die Reihe, die auf uns zukommen, und plötzlich ist schon wieder die »Tagesschau« da …

Und was dann? Dann quält man sich, auch ein bisschen aus Erschöpfung, durch die dreißig Programme, sucht, ob es etwas gibt, was die Zeitspanne lohnt, die man dafür opfert, und wird meist enttäuscht: Der Film, für den man sich entschieden hat, wird durch zu viele Werbeunterbrechungen auch nicht besser, und verärgert schaltet man ab, fühlt sich plötzlich irgendwie entleert und um den Abend betrogen.

Also nahm ich ein kleines Büchlein mit dem Titel »Bekenntnis einer Freundschaft« zur Hand. Es handelt sich um einen Brief von Antoine de Saint-Exupéry, den der Flieger-Dichter im Kriegsjahr 1941 nach seiner Flucht über Portugal aus Amerika an einen alten Jugendfreund geschrieben hat.

Da nun fand ich Sätze, die wie gemeißelt sind: »Ich weiß, dass Du mich so hinnimmst, wie ich bin. Was habe ich mit einem Freund zu tun, der mich wertet? Wenn ich einen Hinkenden zu Tisch lade, bitte ich ihn, sich zu setzen, und verlange von ihm nicht, dass er tanze. Mein Freund, ich brauche Dich wie eine Höhe, in der man anders atmet.«

Fasziniert las ich weiter, und je länger ich las, umso eindringlicher spürte ich, was Freundschaft sein kann: »In Deiner Nähe habe ich mich nicht zu entschuldigen, nicht zu verteidigen. Wie wenig Lärm machen die wirklichen Wunder, wie einfach sind die wesentlichen Ereignisse.«

Und plötzlich wurde mir klar: Der Blumengruß vor meiner Tür »einfach nur so« war auch so ein unerwartetes, kleines Alltagswunder, auch wenn mir gleichzeitig bei der Lektüre fast schmerzhaft deutlich zu Bewusstsein gekommen war, wie weit der Weg zu einer tiefen Freundschaft ist. Aber man sollte mit »Einfach nur so« immer mal wieder anfangen, gleich heute.

Der Mensch braucht den Menschen

Plötzlich kommt mir Hermann Hesse in den Sinn. Seine Gedanken über das Leben. »Seltsam, im Nebel zu wandern ... Leben ist Einsamsein ... Kein Mensch kennt den anderen, jeder ist allein.«

Ich gehe früh aus dem Haus. Eine alte Dame aus der Nachbarschaft kommt mir entgegen. Acht Uhr, viel zu früh für eine so alte Dame. »Schon unterwegs?«, rufe ich ihr zu. Nur ein schneller Gruß, ich will gar keine Antwort. Aber sie bleibt stehen, atmet durch. »Ich bin seit vier Uhr wach, und das seit Jahren.« An Ausschlafen sei schon lange nicht mehr zu denken.

Und dann der schreckliche Satz: »Ach, wissen Sie, eigentlich ist es egal, wohin ich gehe, ob nach links oder rechts, mich erwartet niemand, Sie hören richtig: Mich erwartet niemand!«

Ich weiß aus früheren Begegnungen: Die alte Dame führte mal ein großes Haus, viel Trubel, Kinderlachen, viele Gäste waren in ihrer Stadtvilla. Aus, vorbei ...

Werden die wenigen Worte, gewechselt mit einer Verkäuferin an der Kasse eines Supermarktes, wieder die einzigen sein, die sie an diesem Tag noch sprechen wird? Ja, so wird es sein, denn so war es vor Monaten auch schon, als sie zu mir sagte: »Ich habe das Sprechen schon fast verlernt, wenn man einsam ist, kommt man ganz schnell aus der Übung.«

Tagsüber hatte ich dann diesen frühmorgendlichen Kurzdialog vergessen, aber am Abend holte mich die Erinnerung wieder ein, so kurz vor Mitternacht, als bei Johannes B. Kerner in der Talkshow ein Mann saß, der aus einer Märchenwelt erzählte – unerreichbar für Normalsterbliche: aus der Welt von Hollywood mit Glamour, Stars und Kommunikation ohne Ende – die Gegenwelt zur Einsamkeit.

Doch dann kam der Faustschlag: Arthur Cohn, der sechsfache Oscar-Preisträger, Filmproduzent, Schöpfer von so romantischen Filmen wie »Die Kinder der Herrn Mathieu«, sagte doch glatt, dass nach seiner Beobachtung nicht nur in Europa, sondern auch in Amerika, und vor allem gerade auch in Hollywood, die Einsamkeit grassiert. »Ich denke, dass 95 Prozent aller Menschen einsam sind.« Nicht alle würden darunter leiden, Gott sei Dank – aber sie sind einsam.

Und auch der Status als Star schützt überhaupt nicht. »Der Ruhm ist nichts, woran man sich in einer kalten Nacht wärmen kann«, klagte schon Marilyn Monroe. Der Weltstar musste es wissen,

Marilyn starb an der verfluchten Einsamkeit inmitten der Glitzerwelt.

Einsamkeit ist nicht Alleinsein. Alleinsein kann köstlich sein: für eine Zeit sich selbst gehören, Schweigen dürfen, einmal kein Echo hören müssen, den eigenen Gedanken nachhängen, Körper und Seele in der Ruhe stabilisieren.

Anders: Einsamkeit! Sie ist härter, gnadenloser, ausdauernder, eine schmerzende Wunde. Und das Erstaunliche ist: Diese Einsamkeit grassiert bei uns wie eine Krankheit, obwohl wir Kinder einer Info-Gesellschaft sind, per Telefon, E-Mails, immer blitzschnell miteinander verbunden. Aber ohne Du gibt es kein Ich, und wenn dieses Du fehlt, gibt es die zwiespältigsten Gefühle: von Langeweile (»Mir fällt die Decke auf den Kopf«) bis zur Zukunftsangst (»Ich fühle mich von Gott und aller Welt verlassen«).

Nur eines ist gewiss, und alle, die sich um Einsamkeit professionell kümmern, vor allem Ärzte und Seelsorger sagen es: Der Mensch braucht den Menschen. Max Frisch hat es auf unnachahmliche Weise so ausgedrückt: Du kannst dir nicht selber »Gute Nacht« sagen …

Seltsam, im Nebel zu wandern … Der Herbst ist die Zeit der fallenden Blätter, die Zeit der Gefährdungen. Da ist es gut, mehr zusammenzurücken. Ich werde der alten Dame von nebenan nicht nur ein »Wie geht's?« zurufen und dann schnell das Weite suchen, das habe ich mir vorgenommen.

Nicht jeder ist schließlich in der glücklichen Situation jenes jungen Grafen, der – wie eine Anekdote erzählt – nach langer Abwesenheit an den Wiener Hof zurückkehrte. Franz Joseph fragte ihn, wo er so lange geblieben sei. »Still und zurückgezogen habe ich mit drei Schwestern auf einem Schloss gelebt.« Ob es dort nicht recht langweilig und einsam gewesen sei, wollte der Kaiser wissen. »Nein, Majestät«, sprach der Graf und lächelte: »Es waren nicht meine Schwestern.« Da lächelte auch der Kaiser.

Mit siebzig hat man den Maskenball des Lebens endgültig durchschaut

Es sei nur eine »ganz kleine Bitte«, wurde mir am Telefon gesagt. Da bin ich aber gespannt, antwortete ich. Ob ich eine kurze Ansprache halten könne, am nächsten Freitag, zum 70. Geburtstag einer gemeinsamen Freundin. Ob man sich nicht etwas Leichteres für mich ausdenken könne, fragte ich sofort zurück. Denn ich ahnte: Tischreden zum 70. Geburtstag haben es in sich, sind etwas anderes als gut gemeinte Worte zum 50. oder auch 60. Geburtstag.

Bei siebzig geht es härter zur Sache. Da ist der Sonnenaufgang schon weit weg. Da fällt Abendlicht auf die Straße des Lebens. Ja, es ist eher schon mal Dämmerung. Da darf man kein Süßholz raspeln. Wer siebzig ist, hat im Allgemeinen den Maskenball des Lebens durchschaut. Er weiß, wo die Grenzlinien verlaufen. Natürlich gibt es auch Tröstliches, ohne Frage, und darüber darf man auch sprechen.

Ich begann, mich im Bekanntenkreis umzuhören. Erstaunlich, in welcher Bandbreite die Antworten kamen. Von der dröhnend vorgetragenen

Behauptung »Das Alter ist für mich kein Thema« bis zu dem Eingeständnis »Ich habe unheimliche Angst vor Einsamkeit, vor Krankheit und Tod« gab es die ganze Klaviatur des Lebens. Alle wussten, dass die Stunde der Demaskierung unweigerlich kommen wird, aber jeder glaubte auch, dass es noch nicht so weit sei. »Ein paar Jährchen bleiben mir bestimmt noch ...«

Beim Einsammeln der Stichworte für meine kleine Ansprache stellte ich dann fest: Jeder, der zwischen sechzig und siebzig ist, versucht einer der schwersten Entscheidungen auszuweichen: Soll ich dem Alter, das schon vor der Tür steht, das vielleicht mit Krankheit schon mal anklopft, die Hand reichen – oder soll ich das Alter zurückweisen, so lange es nur geht? »Ich muss im Leben nicht mehr nach Feuerland oder Hawaii reisen, ich habe mich häuslich in der Nähe meiner Ärzte eingerichtet«, sagte der eine, »Ich will einmal noch mein geliebtes New York sehen, auch wenn ich nur noch mit Krücken durch den Central Park laufen kann«, sagte der andere.

Ich holte mir dann Bücher, in denen Gültiges über das Älterwerden steht, las erschütternde Sätze wie diese von Simone de Beauvoir, die sie immerhin schon im Alter von 55 Jahren niedergeschrieben hat: »Ich hasse mein Spiegelbild. Das Sterben hat schon begonnen. Das hatte ich nicht vorausgesehen – dass es so früh beginnt und dass es so wehtut.« Keine Lektüre, die mich für meine Tischrede weiterbringt, auch wenn die berühmte Schriftstellerin ein paar Jahre später mit dem Essay »Das Alter« das beste Buch zu diesem schwierigen Thema geschrieben hat.

Gewiss, auch dort gibt es Melancholisches und Trauriges zu lesen, so die poetische Klage des Märchen-Dichters Andersen: »Gehe ich in den Garten zu den Rosen, was können sie mir noch sagen, was sie mir nicht schon gesagt hätten?« Aber dann gibt es doch, gleichsam als Summe aller Beobachtungen, eine Erkenntnis, wie man das Leben im Alter so gestalten kann, dass es trotz aller Schwierigkeiten seinen Sinn und seine Würde behält.

»Wollten wir vermeiden, dass das Alter zu einer spöttischen Parodie unserer früheren Existenz wird«, schreibt Simone de Beauvoir, »so gibt es nur eine einzige Lösung, nämlich Ziele zu verfolgen … das hingebungsvolle Tätigsein für Einzelne, für Gruppen oder für eine Sache.« Und sie schrieb, und das schon 1970, also vor fünfunddreißig Jahren, dass die Gesellschaft die Lage der Alten mit aller Entschlossenheit zuerst verbessern müsste. »Die Alterspolitik ist ein Skandal« – so ihr Urteil. Nichts hat sich seither zum Besseren verändert, die Politiker versagen, wenn es um jenen Teil der Bevölkerung geht, den man als »wehrlos« bezeichnet, denken wir nur daran, wie schäbig die Generation heute behandelt wird, die Deutschland nach dem Krieg zu ungeahnter Blüte führte.

Obwohl ich mich nun durch meine kleine private Umfrage und durch Lektüre für meine kurze Tischrede bestens vorbereitet fühle, beschleicht mich ein Unbehagen, denke ich an den kommenden Freitag: Lobe ich die Vorzüge des Alterns zu sehr (»Man darf endlich mal fünfe gerade sein lassen«), mache ich mich der Schönrederei schuldig; spreche ich Klartext, was Sache ist (»Das Alter ist die brutale Konfrontation mit der eigenen Vergänglichkeit«), dann ist es um die Stimmung beim Festmenü geschehen.

Vielleicht werde ich deshalb nur davon sprechen, dass wir alle an der Festtafel irgendwann ein Niemandsland betreten, in dem wir noch hin und her schwanken in dem trügerischen Gefühl, »eigentlich noch ganz jung zu sein«. Aber die ausgleichende Gerechtigkeit, die auf wunderbare Weise in unser Leben eingebaut ist, schenkt uns im Alter dann angeblich, was es nur jenseits des Niemandslandes gibt: die »Weisheit« des Alters. Und das sei dann das Thema für eine spätere Tischrede. Ja, so werde ich es machen.

Brief an die Enkelin: Was nur ein Großvater sagen kann

Liebe Anuschka, ich habe Angst. Ich habe Angst, dass ich als Dein Großvater plötzlich wie ein Schulmeister dastehe, wenn ich Dir jetzt schreibe, was nur ein Großvater schreiben kann – nicht der Vater, nicht die Mutter können das, die sind zu nahe dran, aber der Großvater kann Dir etwas ganz Wichtiges sagen, und ich will es auch tun, heute an Deinem 18. Geburtstag, der Dir den Himmel auf Erden verspricht.

Achtzehn – das bedeutet: Endlich frei! Der Einzug in das gelobte Land der totalen Selbstbestimmung. Endlich volljährig – ein hässliches Wort, aber eine wunderbare Sache, lang ersehnt. Die Politiker umwerben Dich nun, wollen Deine Stimme. Die Lehrer sind mit ihrem Latein am Ende. Und auch Deine Eltern haben Dir »bei aller Liebe« theoretisch eigentlich nun nichts mehr zu sagen. Ja, so viel Freiheit war nie – und wird vielleicht nie wieder sein.

Und nun komme ich, Dein Großvater, und sage Dir aus langer Erfahrung etwas Verblüffendes: In Wahrheit ändert sich nichts, jedenfalls nichts in den wesentlichen Dingen, und das sind die, die mit dem Herzen zu tun haben.

Sicher, ein paar Kulissen werden in dem Spiel des Lebens auf der Bühne hin- und hergeschoben, die Bühne wird neu illuminiert – der neue Führerschein, die erste Fahrt am Steuer eines eigenen Autos vielleicht –, aber das Stück, das da gespielt wird, hat immer noch denselben Hauptdarsteller: nämlich Dich!

Deine »Kindheit« ist nun auch offiziell zu Ende, kalendermäßig – aber ist das ein Grund zum Jubeln? Ich weiß es nicht. Kindheit ist auch heute im Zeitalter der Computerspiele immer noch ein verwunschenes Land.

Und dann gibt es einen Satz, der mir beim Schreiben einfällt. Er stammt von Elias Canetti: »Vielleicht ist kein einziger Mensch es wert, ein Kind zu haben.« Wie viel Demut steckt in diesem Satz!

Haben nicht auch wir, Deine Eltern, Deine Großeltern die große Verantwortung gespürt, als wir vor genau achtzehn Jahren staunend in der Geburtsklinik standen und Dich hinter der Glasscheibe zum ersten Mal bewunderten?

Und heute bist Du achtzehn Jahre alt! Ein Tor wird aufgestoßen, Du gehst hinaus ins Leben, Deine Eltern winken Dir nach, und wir können es drehen und wenden, wie wir wollen: Da wird ein Schmerz sein, ein Stich im Herzen, denn Deine Eltern erkennen spätestens jetzt die Wahrheit, die ein Freund von mir in diesem einen Satz gebündelt hat: »Kinder können sehr wohl ihre Eltern verlassen, aber Eltern niemals ihre Kinder.«

Eine Frage beschäftigt an diesem Tag noch meine Phantasie: Wie mag es auf dieser guten alten Erde ausschauen, wenn Du so alt bist wie ich heute, also in einem halben Jahrhundert? Wird dann alles noch schöner, perfekter sein als heute?

Vielleicht machst Du Urlaub auf dem Mond, vielleicht ein Weekend in San Francisco, Flugzeit nur noch hundert Minuten, vielleicht gibt es keine Krankheiten mehr, keine Schmerzen – und das Durchschnittsalter ist gestiegen: hundertzwanzig Jahre, mindestens.

Ich wünsch es Dir, liebe Anuschka. Das Leben beschleunigt sich in einem Maße, dass ich Dir nur sagen kann: Halte Balance, genieße bei aller Geschwindigkeit das Wunder, zu Gast auf diesem Planeten zu sein, erkenne, dass das Maß aller Dinge die Liebe ist, die uneigennützige Liebe wohlgemerkt, und gib ein bisschen Liebe an die Eltern zurück, sie brauchen es mehr, als Du je denken kannst.

Aufmerksamkeit ist die kostbarste Währung in unserer Zeit

Ich habe schon mal Platz genommen. Noch ist nervöses Hin-und-Hergelaufe im Auditorium, aber gleich soll der Vortrag beginnen, und da sitze ich schon mal, rechts außen, in einer Reihe etwas mehr hinten, damit ich flüchten kann, sollte es langweilig werden …

Jetzt betritt ein junger Mann die Bühne, kündigt den Redner an, sagt etwas, was wie eine Floskel klingt – dabei ist es das Entscheidende. Er sagt nämlich: »Meine Damen und Herren, ich bitte Sie nun herzlich um Ihre Aufmerksamkeit.«

Weiß der Kerl da oben eigentlich, um was er hier bittet? Wissen das alle, die Aufmerksamkeit für sich reklamieren? Der junge Mann bittet um ein Stück meiner Lebenszeit, nicht mehr, nicht weniger. Er bittet, genauer gesagt, um das Kostbarste, was ich besitze und was ich nun gleich hergeben soll.

Es ist immer ein Tauschgeschäft, mal ein gutes, mal ein schlechtes: dort der Vortrag, die Rede, die Tischrede, die Lesung, die Diskussion, die Talkrunde – und hier: meine Lebenszeit. Eine Stunde etwa soll ich für den Vortrag laut Programm hergeben, will ich auch hergeben, sonst wäre ich ja nicht hier. Aber ob ich für meinen hochwertigen Einsatz etwas zurückbekomme an Information oder Emotion oder möglichst von beiden, das steht in den Sternen und natürlich niemals im Programmheft.

Experten für Werbung, Kommunikation, Psychologie und verwandten Menschenfänger-Berufen sagen, die teuerste Währung, die es heute gibt, heißt Aufmerksamkeit. Darauf zielt alles ab: einen möglichst großen Brocken an Aufmerksamkeit für sich zu erringen. Das »Bleiben Sie dran!«, mit dem im Radio, im Fernsehen Unterbrechungen angekündigt werden, klingt nicht wie eine Bitte, es klingt eher wie eine Beschwörung, gar: wie ein Befehl.

Aber nicht nur die Zuschauer und Zuhörer sollen »dranbleiben«, auch die Akteure selbst müssen um ihre Redezeit kämpfen. Müssen »diesen einen Satz noch beenden dürfen«, wenn sich der Talk zu einem Tohuwabohu ausweitet. Und wir Zuschauer? Wir beobachten staunend und angewidert die oft würdelosen Taktlosigkeiten, mit denen sich vor allem Politiker rhetorisch gegenseitig abwürgen, selbst »Elefantenrunden« nach Wahlen sind nicht frei davon.

Nun ist das Haschen nach Aufmerksamkeit nicht grundsätzlich zu verteufeln, der Mensch ist auf ein Echo angewiesen, er braucht Rede und Gegenrede wie das liebe Brot, schon vom ersten Atemzug an ist er darauf trainiert – eine Mutter schrieb mir dieser Tage, ihr Benjamin ließe sie nachts nicht schlafen, »aber ich denke, der kleine Kerl weiß, dass er dann seine Mama endlich für sich alleine hat« – die totale Aufmerksamkeit als Lohn für nächtliches Babygebrülle.

Wir sehen: Sowohl die Aufmerksamkeit, die man sich erkämpft, als auch die Aufmerksamkeit, die einem geschenkt wird, gehört zu den Kostbarkeiten des Lebens, ist mit Geld nicht zu bezahlen. Ihren Wert erkennen wir spätestens dann, wenn uns Unaufmerksamkeit begegnet – oder wenn es uns überhaupt nicht mehr gelingt, von anderen beachtet zu werden, wenn man am Ende eines Streits hören muss: »Weißt du, was du für mich bist? Du bist Luft für mich, nichts als Luft.«

Auch die bittersten Worte aber, die Menschen einander sagen, wirken selten so entzweiend wie die unausgesprochenen, die der eine vom anderen vergeblich erwartet, schrieb Hans Carossa, Arzt und Dichter, um dann auf das Entscheidende hinzuweisen: »Und Bestimmung scheint es zu sein, dass keiner dem anderen ein Wort nahe legen darf; unverhofft und frei muss es kommen, sonst geschieht kein Wunder.«

Inzwischen hat der Redner seinen Vortrag beendet, ein langweiliges Stück, lauter Zahlen, ich bin in einem Meer von Zahlen ertrunken – und so hatte ich mich vorzeitig davongestohlen –, gut, wenn man in einer hinteren Reihe sitzt und einen Außenplatz hat, dann geht das unauffällig und geräuschlos …

Ja, die Aufmerksamkeit ist wirklich heute die teuerste Währung. Ich habe meine Aufmerksamkeit hergegeben und diesmal nichts dafür bekommen. Ich fühle mich betrogen. Ein Zeitdieb hat mir meine Zeit gestohlen. Ich will in Zukunft vorher genauer prüfen, wem ich sie schenken will.

Gedanken über einen späten Brief

Sonntagsfrühstück, heute vor einer Woche. Die Zeitung habe ich schon raufgeholt. Am Münchner Himmel steht eine mattmüde Dezembersonne. Der Tag verspricht grau zu bleiben.

Meine Tochter ruft an. Ich soll die Kerzen anzünden, sagt sie. Der dritte Advent müsse gefeiert werden. Meine Tochter möchte ihren Vater fröhlich sehen. Es ist wunderbar, eine solche Tochter zu haben.

Der Weihnachtsstollen, den mir ein guter Freund seit dreißig Jahren allweihnachtlich mit der Präzision einer Schweizer Uhr schickt, ist noch nicht angeschnitten. »Ich glaube, ich genehmige mir doch schon mal ein Stück«, sage ich leise und etwas verschämt, weil ich bis zum Weihnachtskarpfen eigentlich mal Diät halten wollte.

Geheimnisvoll, wie sich Gedanken verketten. Ich lese über einen Film aus Hollywood, bin plötzlich in der Kinowelt – da fragt mich meine Frau: »Wie mag es eigentlich Gyula Trebitsch gehen, hatten wir nicht gehört, dass es ihm nicht so gut gehen soll?« – »Du wirst lachen«, antworte ich, »das habe ich mich auch gerade gefragt.« Zufall? Gedankenübertragung?

Es ist jetzt elf Uhr morgens, die beste Zeit, um bei dem alten Herrn in Hamburg anzurufen. Nicht zu früh, nicht zu spät für einen 91-jährigen Freund. Wir kennen uns seit Jahrzehnten.

Uns verbindet eine dieser Freundschaften, die leider »unausgelebt« sind. Die von kleinen Signalen leben: mal ein Telefonat, mal ein Brief, mal ein spontaner Besuch, aber immer auch zeitliche Zwischenräume; die vielen Reisen, die vielen Termine, die vielen Wichtigkeiten, mein Gott, wieviel man wichtig nimmt, was sich später als total unwichtig herausstellt.

Ich wähle die Hamburger Nummer. Sehe in Gedanken den Großmeister des Films in seiner Wohnung am Feenteich vor mir. Sein Blick auf den See gleicht einem Gemälde von Caspar David Friedrich, besonders, wenn Nebelschwaden in den Bäumen hängen. Eine sehr romantische Wohnung. »Hier müssen einem gute Gedanken kommen«, hatte ich bei meinem ersten Besuch dort gesagt. »Da haben Sie Recht«, hatte Gyula geantwortet – und gelächelt.

War das die Sekunde, da unsere Freundschaft entstanden ist? Wer weiß schon so genau, wann aus Zuneigung Freundschaft wird?

Eine freundliche Dame sagt, Herr Trebitsch

würde schlafen, ich könne ihn leider nicht sprechen. »Dann werde ich ihm schreiben.« »Tun Sie das, Herr Trebitsch wird sich freuen.« Ich weiß nicht, warum ich nicht fragte, ob ich später noch einmal anrufen dürfe. Aber der Klang ihrer Stimme war bei aller Liebenswürdigkeit so, dass ich nicht fragte.

Und so schrieb ich den Brief. Ich schrieb ihn erst im Entwurf, es sollte ein kurzer Brief werden, den er leicht lesen kann, ein Blatt nur, aber er sollte die wichtigste Botschaft enthalten: Ich denke an ihn, ich wünsche schnelle Genesung – keine Dramatik, nur die spontanen Gedanken, die ich am Telefon nicht übermitteln konnte.

Wenn es um Gefühle der Freundschaft geht, dann ist der kurze Brief immer auch der schwerste. Jedes Wort liegt auf der Waage, ein einziges falsches Wort kann den gesamten Brief runterreißen.

»Herr Trebitsch schläft«, sagte die Dame. Er schläft, wenn der Tag den Zenit erobert? Das muss doch etwas bedeuten. Was wird er träumen, dieser Mann, der uns so viele Kinoträume geschenkt hat – und viele Meisterwerke wie »Des Teufels General« oder den »Hauptmann von Köpenick« – und dann, im Fernsehen, »Die Bertinis«. Und immer gab es diesen Griff zum Herzen des Zuschauers, wenn Gyula einen Film produzierte.

Ich legte meinen Brief zu zwei anderen, die ich morgen zur Post bringen wollte. Und dann kam Montag, ich war schon im Mantel, da rief eine Freundin aus Berlin an und berichtete, Gyula sei in Frieden eingeschlafen. Der Albtraum, er hatte sich verwirklicht: Mein Brief erreichte den Empfänger nicht mehr, er ging ins Leere, die Botschaft verwehte wie ein Blatt im Wind des Herbstes …

Das Wort des großen Elias Canetti kam mir in den Sinn, der eine bestürzende Wahrheit niederschrieb: »Niemand ist einsamer als ein Mensch, der niemals einen Brief bekommen hat.« Und dessen Gedanken ich nun für mich abwandelte: Niemand ist trauriger als ein Freund, der einem anderen Freund einen Brief nicht mehr rechtzeitig zustellen konnte. Ich hätte sofort schreiben müssen, als ich zum ersten Mal von seiner Erkrankung hörte. Warum tat ich es nicht? Warum lernt man im Leben eigentlich niemals aus?

Der mühsame Weg, einen geliebten Partner zu finden

Ich bin hinabgestiegen in den Supermarkt der Liebe. Ich habe, dem Rat einer Freundin folgend, die Inserate studiert, mit denen »einsame Herzen« einen Partner oder eine Partnerin suchen. Genauer: Ich studierte eine Single-Zeitung, für Menschen gemacht, die auf dem wogenden Meer der Liebe und der Wellen herumsegeln, ohne den Hafen der Ehe zu finden.

Es war eine Lektüre, die mir die Augen öffnete, und genau das hatte die Freundin beabsichtigt. Denn sie verstand gar nicht, dass ich bei einem abendlichen Gespräch in einer Freundesrunde gesagt hatte: Es könne natürlich nicht jeder wie ich das Glück haben, das Fest der goldenen Hochzeit zu feiern; aber dass es heute auch in jungen Liebesbeziehungen scheppert und kracht und die meisten Paare später nicht einmal das »verflixte siebte Jahr« erreichen, das sei mir unverständlich.

»Lies mal beiliegende Single-Zeitung oder geh' ins Internet – dann weißt du Bescheid«, schrieb mir die Freundin. Und ich las Texte, die bei mir zwei Gefühle zugleich auslösten: grenzenloses

Staunen, wie junge Menschen sich heute öffentlich feilbieten und ihre intimsten Wünsche äußern, und zugleich ein Gefühl des Mitleides, weil sie anscheinend nichts ahnen von dem Wesenskern der wahren Liebe.

Unter der Blickfang-Zeile: »Starker Ritter, raus aus deiner Rüstung!« verspricht eine 24-jährige Josephine: »Ich bin eine sexy Prinzessin, ich suche für meine Spielwiese einen Mann mit Muskeln und großem Herzen. Ich will Spaß, ich will meinen Ritter verwöhnen, zum Beispiel mit sexy Dessous.«

Eine andere junge Frau verlangt Streicheleinheiten von jemandem, der genau weiß, »wo es lang geht«. Die nächste Frau wird direkter: »Süßer, in meiner Wanne ist noch Platz.« Leider habe sie bisher den richtigen Partner noch nicht gefunden, und so klagt sie: »Man muss eben viele Frösche küssen, bis sich einer zum Prinzen verwandelt.«

Eine durchgängige Beobachtung bei der Lektüre der Selbstanpreisungen: Die Fassade ist wichtig. »Ich suche einen braun gebrannten Sunnyboy, der Tattoos und Piercing genauso liebt wie ich.« Oder: »Männer mit Bauch und Haaren auf dem Kopf lasse ich nicht in mein Bett.« Dann auch: »Typen, die klammern, sind nichts für mich. Der Mann meiner Wahl muss auch meinen Pitbull lieben.«

Fast immer auf der erotischen Speisekarte: Der Mann soll blaue Augen haben, groß sein, durchtrainiert, humorvoll. Und er muss möglichst Kohle haben. So, wie es die 25-jährige Beate ausdrückt: »Ich will endlich mal einen Mann, der kein Mistkerl ist. Mit diesem Mann möchte ich in einer Dachgeschosswohnung mit großer Terrasse wohnen, um dort Sternschnuppen zu zählen.«

Auch die Männer auf der freien Wildbahn sind nicht zimperlich, wenn es gilt, Begehrlichkeiten zu wecken. »Ich bin Experte für sportliches Kuscheln«, verspricht ein 22-jähriger Berliner, der sich die Hörner schon abgestoßen hat und kein Typ für One-Night-Stands mehr sein möchte. »Aber die meisten Frauen wollten immer nur meinen Körper«, klagt er bitterlich.

Nach der Lektüre dankte ich meiner Freundin für diese Information und erinnerte sie daran, dass ich mir bei der Abendeinladung ziemlich verloren vorkam, als wir nach dem Dessert das Spiel spielten: »Jeder nennt sein Lieblingszitat zum Thema Liebe«.

Was wurde da nicht alles aufgetischt! Viel Sarkastisches: »Liebe ist eine tolle Krankheit – da müssen immer gleich zwei ins Bett« – »Die erste Liebe ist ein Versprechen, das später andere halten werden« – »Liebe heißt, auch den Kummer zu teilen, den man noch nicht hat.« Da kam ich mir mit meinem Lieblingszitat des Religionsphilosophen Friedrich Wilhelm von Schelling ziemlich altmodisch vor: »Das ist das Geheimnis der Liebe, dass sie solche verbinde, deren jedes für sich sein könnte und doch nichts ist und sein kann ohne das andere.« – Diese Ausschließlichkeit, unmöglich in heutiger Zeit, behaupteten dazu einige der jüngeren Gäste.

Sie werden sich noch wundern, denke ich nun nach der Wunschliste der Singles: Man kann sich seinen Partner nicht backen, man kann ihn nicht verändern, man darf es auch nicht. Die Menschen stehen eben doch nicht wie Waschpulver in den Regalen eines erotischen Supermarktes.

Die Fülle macht die Wahl nicht einfacher – für ein Strohfeuer mag es reichen, aber nicht für die Glut, die ein Leben lang wärmt und der Seele Glück und Frieden schenkt.

Luther hat Recht: »Wenn du ein Kind siehst, begegnest du Gott auf frischer Tat«

Lieber junger Freund, was für eine wunderbare Nachricht! Ein neuer Erdenbürger hat sich bei Euch angemeldet. Ein paar Wochen noch, und er wird da sein, er wird Euer Leben in eine neue Dimension führen, ich frage mich, wie der Tag aussehen müsste, an dem es geschieht.

Ich denke, es müsste die Sonne von einem tiefblauen Himmel herniederscheinen, alle Blumen müssten blühen, an Eurer Wohnungstür müssten Girlanden gespannt sein. Und es müsste Musik erklingen, weiche einschmeichelnde Musik, Geigen und Saxophone; es müsste eine Musik sein, die wir noch nie gehört haben, so neu, so einmalig wie das Kind, das wir dann begrüßen können.

Lang ist es her, dass wir darüber sprachen, ob in diese Welt, die von so vielen neuen Gefahren bedroht ist, noch Kinder hineingeboren werden sollten, ob es nicht »klüger« sei, dem Zug der Zeit, dem »Mainstream«, zu folgen und sich Kinderglück zu versagen – immerhin haben wir in Deutschland innerhalb weniger Jahrzehnte die Zahl der Geburten glatt halbiert. Und das hat nicht nur mit der Anti-Baby-Pille zu tun – ein

Wort, das schmerzt, denn die Verbindung von Anti und Baby ist von einer Kälte, die nicht nur empfindsame Seelen mit Traurigkeit über den buchstäblich armseligen Zustand dieser Welt erfüllen kann.

Nichts von all dem bei Euch. Ich habe mal nachgelesen, welche Gefühle mich damals überwältigten, was ich notierte, als meine Frau in die Klinik gefahren war und der Anruf der Schwester aus der Säuglingsstation mich von aller Ungewissheit erlöste: Ein strammer Sohn sei angekommen, sieben Pfund und ein paar Gramm, »alles dran«; und dann gab sie mir noch den Rat, nicht zu tief ins Glas zu schauen, »So einen Tag muss man mit allen Sinnen auskosten und nicht mit Alkohol erschlagen«, das waren ihre Worte.

Und dann dieser unvergleichliche Augenblick, als ich miterlebte, wie das Neugeborene meiner Frau in die Arme gelegt wurde, ihr nie zuvor gesehenes Lächeln, ihre behutsamen Bewegungen – das Kind, eben erst auf der Welt, hatte unsere kleine private Welt schon verändert.

Die wichtigste Erfahrung kam in den folgenden Wochen. Bisher zerbrachen meine Tage wie Mörtel, der Termindruck, die vielen Reisen, es gab all die wichtigen Dinge, die oft am nächsten Tag schon gar nicht mehr so wichtig waren – gleichwohl: Der Minutenzeiger war zum Schrittmacher meines beruflichen Lebens geworden.

Aber plötzlich war alles anders. Ich entdeckte bei meinem Kind eine beneidenswerte Ruhe, die Spieldose mit der immer gleichen Melodie »Morgen früh, wenn Gott will, wirst du wieder geweckt« konnte nicht oft genug aufgezogen werden, der kleine braune Teddy war ihm Spielgefährte für viele Stunden. Und ich? Ich ließ Termine platzen, Briefe blieben unbeantwortet, Besuche wurden verschoben – ich war von meinem Kind verzaubert, hatte plötzlich Zeit, saß am Bett und staunte.

Da gab es wirklich Sonnenstrahlen, die das Kind nicht aus dem Schlaf rissen, Baulärm in der Nachbarschaft, der seine Ruhe nicht störte – der Tag des Kindes schien von schwebender Endlosigkeit zu sein, eine Uhr ohne Zeiger und Ziffern. Die Zeit, von der ich glaubte, ich würde sie meinem Kind schenken, war in Wahrheit die schönste Zeit, die mir geschenkt wurde.

Lieber Freund, ich wünsche Dir all diese Erfahrungen, sie machen Dein Leben weicher und verändern die Koordinaten, in denen Du Dich bewegst – hin zu mehr Liebe, die nicht sich selbst meint, und zu einer Zärtlichkeit, die nur ein kleines Wesen schenken kann und niemand sonst.

»Wenn du ein Kind siehst, begegnest du Gott auf frischer Tat.« Ein Wort von Martin Luther. Es klingt pathetisch – aber vielleicht stimmt es trotzdem? Denk mal darüber nach!

Es ist unglaublich, wie viel Kraft die Seele dem Körper zu geben vermag

Heute möchte ich von einem Wort berichten, das Sie vermutlich noch nie gehört haben. Es klingt altmodisch, es trägt gleichwohl in sich eine wunderbare Melodie. Es weckt Gedanken, bei denen man sich fragt, ob es sie heute noch gibt. Vor allem in der Politik, in diesem harten Geschäft, in dem es angeblich um nichts als Fakten geht.

Dieses Wort entdeckte ich zufällig in den Memoiren von Winston Churchill, in jenem Kapitel, das »Englands größte Stunde« beschreibt, also das Jahr 1940, als das Inselreich die Angriffe der deutschen Luftwaffe abgeschlagen und London die Bombenangriffe »triumphierend« überstanden hatte: »Wir lebten noch, es war zu keiner Invasion gekommen.«

In dieser Zeit tödlicher Gefahren erhielt Churchill den Neujahrsbrief des ihm »wohlgeneigten« Königs Georg VI., in dem dieser ihm ein Lob schenkt: »Ich habe alles, was Sie in den letzten sieben Monaten als mein Premierminister getan haben, so sehr bewundert« – schreibt der König und äußert die Bitte, es möge auch weiterhin die

Unterhaltungen bei dem allwöchentlichen Mittagessen geben.

Churchill fühlte sich durch diesen »ungemein huldvollen Brief« geehrt und sprach dem König am 5. Januar 1941 seinen »tiefgefühlten Dank« aus: »Die Güte, mit der Eure Majestät und die Königin mich behandelt haben, ist mir in den Wechselfällen dieses wilden Kampfes um das Dasein eine ständige Quelle der Ermutigung gewesen.«

Und dann bekennt der »getreue Diener und Untertan« Winston S. Churchill, dass ihm die wöchentlichen Mittagsmahle in dem armen, alten, zerbombten Buckingham Palace immer eine wahre Stärkung gewesen sind, »ebenso wie das Gefühl, dass Eurer Majestät und der Königin jene Seelenkraft eigen ist, die niemals durch Gefahren bezwungen, noch durch unablässige Mühsale erschöpft wird«.

Da taucht es auf, das Wort »Seelenkraft«, das ich zuvor noch nie gehört oder gelesen hatte, das im Wortschatz eines Kriegspremiers besonders erstaunlich klingt und das zugleich die Frage aufwirft: Wie sieht es heute bei den Weltenlenkern, bei den Politikern, bei den so genannten »Mächtigen« mit ihrer Seelenkraft aus?

Mit anderen Worten: Wo spüren wir bei unseren Politikern noch etwas von jener Seelenkraft, die Winston an seinem König bemerkte und dankbar bewunderte? An wen können wir uns wenden, wenn wir müde werden, vom Tagesgeschäft ermattet, wenn wir vor lauter Sorgen keinen Horizont mehr sehen, wenn uns, den Kindern der so genannten »Spaßgesellschaft«, plötzlich das Spielzeug abhanden kommt: der materielle äußere Wohlstand, von dem wir irrtümlich glaubten, er würde sich ins Uferlose vermehren lassen.

Ich habe Churchills Wort »Seelenkraft« im Duden nicht gefunden, obwohl es viele andere Verbindungen mit dem Wort Seele gibt: den Seelenfrieden, den die Kirche verspricht, die Seelenmassage, mit der jemand überrumpelt werden soll; den Seelenverkäufer, der im Sturm der Meere zerbirst; die Seelsorge, heute auf die Schnelle auch per Telefon und Handy. Wir haben manchmal zwei Seelen in unserer Brust, wir schreien uns schon mal vor Schmerzen die Seele aus dem Leib, wir sind hinter etwas her wie der Teufel hinter der armen Seele – nur mit der Seelenkraft hapert es leider.

Körperkraft ist messbar, mit Atemvolumen, Muskeln, Herzschlag. »Es ist unglaublich, wie viel Kraft die Seele dem Körper zu geben vermag«, schrieb Wilhelm von Humboldt einer Freundin. Suchen wir aber diese Seelenkraft bei uns und anderen, tun wir uns schwer, sie ist in der Wellness-Gesellschaft seltener zu finden als die Körperkraft, genau das aber macht sie so anziehend für all diejenigen, die seelischen Halt suchen. Und so kostbar für alle jene, die sie, wie Churchill, bei einem anderen Menschen dann doch einmal finden. Heute ist Zeit genug, in sich hineinzuhorchen, um festzustellen, wie viel Seelenkraft noch in uns steckt.

Ich gehöre zu der Generation, die noch immer kein altes Brot wegwerfen kann

Liebe Psychologen, ich habe eine Bitte: Lasst uns, die wir den monströsen Krieg von 1939 bis 1945 als Kinder durchlebt haben, in Ruhe. Buddelt nicht in unserer Seele, legt uns nicht auf die Couch. Zertrümmert nicht das »letzte Tabu«: Die traumatischen Erlebnisse jener Menschen, die damals selbst nachts dem Schrecken des Krieges nicht ausweichen konnten, weil Sirenen die todbringenden Bombengeschwader ankündigten, Fliegeralarm, Zittern um das eigene Leben in kalten feuchten Kellern.

Nach dem Motto »Da muss es doch noch etwas geben, was wir in sechs Jahrzehnten glatt übersehen haben« erleben wir jetzt eine Springflut von Büchern, die verkünden: Die Kriegskinder der Jahrgänge von 1930 bis 1945 wurden durch Bomben, Flucht, Hunger und Gefangenschaft geschädigt.

Und das Bestürzende ist: Sie wissen es leider nicht. Darum muss man es ihnen endlich sagen, und zwar mit den »richtigen Vokabeln«!

Ich bin einer von denen, die zu dieser so genannten »vergessenen Generation« gehören. Ich hatte Todesängste ohne Ende zu überstehen: als Schulkind im Luftschutzbunker in Berlin, als Flakhelfer bei den Leuna-Werken in Merseburg, als kleiner Schütze, nur mit einer Panzerfaust bewaffnet, im Feuerhagel der Amerikaner in einem Wald bei Rinteln an der Weser – Hitlers letztes Aufgebot.

Und dann als Kriegsgefangener in dem Hungerlager bei Bad Kreuznach. Erst in den folgenden eineinhalb Jahren als PoW bei den Amis in Charlons-sur-Marne gab es ein Aufatmen: Ich bin davongekommen. Ich lebe! Welch ein Geschenk!

Und nun kommen plötzlich, wie von Geisterhand gerufen, Experten und schreiben Erstaunliches über die heute 60- bis 75-Jährigen: Sie seien »traumatisiert«, würden von geheimen Ängsten »überflutet«, hätten ihre Gefühle »eingekapselt«, die Kriegserlebnisse wären in ihren Köpfen »eingraviert«, deshalb seien sie mit einer »emotionalen Hornhaut« ausgestattet und hätten wegen all dieser bisher unentdeckten seelischen Verwundungen ihr »wahres Selbst« nicht verwirklichen können.

Eine Psychotherapeutin hält es sogar für möglich, dass diese Beschädigungen an Kinder und Enkel weitervererbt würden – sie nennt das »transgenerationale Transmission« –, heute muss halt alles einen wissenschaftlich klingenden Namen haben.

Nein, liebe Freunde an der Seelenfront: Beendet bitte dieses letzte Gefecht, bevor es richtig beginnt. Richtig ist: Wir hatten damals keine Zeit, um uns selbst zu analysieren. Wir mussten erst die Toten beweinen und dann die Trümmer beseitigen. Seelenstriptease war uns fremd. »Selbstverwirklichung«? Fehlanzeige.

Heute würde man ein Heer von Kinderpsychologen und ein Netz von Beratungsstellen flächendeckend aufbieten, um die Kriegserlebnisse mit ihrer Allgegenwart des Todes »aufzuarbeiten«, heißt es in einer dieser Schriften.

Vor allem würde man die Beziehungsprobleme und die »Bindungsunfähigkeit« behandeln, unter denen die Kriegskinder bis heute leiden. Kaputte Seelen in einer kaputten Welt.

Mit Verlaub: Ich staune nur. Ich sehe anderes. Ich sehe, wie heute »Beziehungskisten« geräuschvoll wackeln. Wie jede zweite Ehe in die Binsen geht. Wie der Mut zum Kind fehlt – die niedrigste Geburtenrate, die es je in Deutschland gab. Und wie die Ich-bin-ich-Generation voller Probleme steckt, wahrlich ein weites Feld für Psychologen und Psychiater.

Uns Ruheständler aber sollten Sie bitte in Ruhe lassen! Auch wenn wir immer noch kein altes Brot wegwerfen können …

»Herr Professor, wie kann Gott das ganze Elend auf Erden zulassen?«

Ich gebe zu: Ich bin süchtig nach Lebensweisheit, nach Erkenntnis, nach den Rezepten der Menschen, die ich für Lebenskünstler halte. Ich lese gerne und immer wieder in den alten Schriften, was die großen Denker von Marc Aurel bis Schopenhauer zu sagen haben. »Fange jetzt zu leben an und zähle jeden Tag als ein Leben für sich« – vor einem solchen Seneca-Satz kann ich niederknien.

Und immer geht es schließlich doch nur um die eine Frage: Was muss ich tun, um glücklich zu sein, was muss ich vermeiden, wo ist der Pfad, der zum inneren Frieden, zum erfüllten Leben führt?

Alleine, das lehrt die Erfahrung, kann ich es nicht schaffen. Ich brauche die Begegnung mit den Menschen. Oft sind es ganz unscheinbare Begegnungen, nichts Dramatisches, aber sie geben dem Tag ein freundliches Gesicht. Der Blumenstrauß, den Kollegen mir am ersten Arbeitstag auf den Schreibtisch stellen; der Schlüssel, mit dem mir der Verkäufer meine eigene, soeben erworbene Wohnung übergibt; der

Arzt, der nach dem Röntgen zu mir sagt: »Sie müssen sich keine Sorgen machen, alles ist okay«; die kleine Enkeltochter, die zum ersten Mal ihre Händchen in die meinen schmiegt und flüstert: »Ich hab dich lieb«; der Ostwind, der an der See über die Dünengräser streift und mich spüren lässt: Das Wetter hat sich gedreht, die nächsten Tage werden wieder wunderschön …

Kein Tag ohne Begegnungen, und jede Begegnung ändert den Kurs unseres Lebens. Oft wissen wir es gar nicht, bemerken die Auswirkungen erst später. Ein Freund wundert sich, dass er »auf Knall und Fall« gekündigt worden war. Was er vergessen hatte: Als er vor Wochen seinem Chef in übermütiger Laune ein paar Grobheiten an den Kopf warf – und das auch noch vor Zeugen in einer Konferenz! –, da hatte er den Keim für den Rausschmiss gelegt.

Es gibt ein Wort, das mein Denken in Richtung Dankbarkeit veränderte, es stammt von dem Dichter Hans Carossa. Wenn Sie es jetzt lesen, dann werden Sie die Dramatik erkennen, die dieses Wort so unvergesslich macht: »Leben ist eine Zusammenkunft, zu der immer nur eine begrenzte Zahl auf einmal geladen ist, und nie wird die Einladung wiederholt.«

Leben ist eine Zusammenkunft – das besagt: Wir haben Mitspieler, die Freunde sein können oder Gegner oder gar Feinde. Eine begrenzte

Zahl – das bedeutet, wir sind auserwählt, hier und heute unseren Part zu spielen, »unseren Mann zu stehen«. Und das beliebte Gedankenspiel, in welchem Zeitalter man gerne gelebt hätte oder leben möchte – als Feldherr im alten Rom, als Kammerdiener am fürstlichen Hofe, als Klosterbruder in einem mittelalterlichen Gewölbe oder als Mondfahrer und Marsbezwinger in hundert oder tausend Jahren –, ist eben nur ein Spiel der Phantasie. Die Realität ist eine andere, du musst heute spielen, »denn die Einladung wird nie wiederholt«.

Und wo spielen wir? Auf dieser Erde. Und was ist diese Erde? Ein Schauplatz wüster Kriege, grausamer Schlachten, teuflischer Terroranschläge, tödlicher Krankheiten, blutgetränkt, voller Schmerzen, Leid, Elend, Armut, gepeinigt von Mord und Totschlag. Als ich schon vor Jahrzehnten mit dem wortgewaltigen Prediger der Hamburger Michaeliskirche, Professor Helmut Thielicke, über diese Frage sprach, als ich ihn fragte, wie Gott den ganzen Erden-Jammer zulassen könne, sagte er zu mir: »Wissen Sie, wie ich mein neues Buch nenne?« – »Nein«, sagte ich. »Ich habe ihm den Titel gegeben: ›Zu Gast auf einem schönen Stern‹.«

Das, mein Freund, ist die Sichtweise, die auch möglich ist, wenn du auf diese Erde schaust: Sie ist wunderbar, sie ist erfüllt mit einer herrlichen Natur, sie schenkt uns den Sonnenaufgang und nach dem Sonnenuntergang die Gewissheit, dass die Sonne morgen wieder am Horizont erscheint. Es wäre besser um unsere Welt bestellt, wenn wir alle in unserer Treue so zuverlässig wären wie die Sonne.«

Erkenntnis nach einem Infarkt: Man muss nicht immer die Trompete blasen

Seltsam, es war ausgerechnet ihr Chef, der ihr geraten hatte, mal alles fallen zu lassen, abzuschalten. »Nehmen Sie mal zwei Wochen Urlaub.« Sie glaubte, ihren Ohren nicht zu trauen, da sie sich doch für unentbehrlich hielt, gerade jetzt, da die Kollektion in den Verkauf ging. Mailand, Paris, Rom hatte sie hinter sich, Kontakte müssen gepflegt werden. Immer nur lächeln, und das Orderbuch immer dabei.

Acht, neun Jahre ging das nun schon so. Wenn die junge Frau sich morgens im Spiegel sah, hielt sie sich immer noch für attraktiv – sechsunddreißig, bestes Alter, da hat man »Power«, Durchsetzungsvermögen, da ist auch ein Blitzbesuch in New York nichts anderes als »business as usual«. Erfolg heißt die Melodie, alles andere kann warten. Und die Jahre? Die Jahre eilen dahin.

Auch ihr Freund, ein eher stiller, in sich gekehrter Typ – ihr »Lebenszeitpartner«, wie man heute gerne sagt –, hatte Mühe, in ihrem Terminkalender einen Platz für sich zu finden. »Du siehst, wie schwer es ist, dazwischen noch eine Lücke zu finden«, sagte sie mit einem Anflug von

Hochmut, wie sie heute weiß – und lachte. Bis dann … Bis dann der Sturz ins Schwarze kam. Sie klappte im Büro zusammen. So wie ein Taschenmesser zuklappt.

Dann ging alles blitzschnell: erst Notarzt, dann Notaufnahme, dann im Krankenhaus ein Zwei-Tage-Check. »Nichts Schlimmes«, sagte der Doktor endlich – welch eine Erleichterung nach der Angstpartie –, aber eine Pause täte ihr sicher gut. Und so ist sie nun auf Anraten des Arztes und ihres Chefs alleine unterwegs mit dem Schiff, das sie aus dem Fernsehen kennt, dem »Traumschiff«.

Zugleich geschieht etwas Traumhaftes. Sie überdenkt zum ersten Mal ihr Leben. Holt sich in der Schiffs-Bibliothek all die Bücher, in denen Lebensweisheit versammelt ist – Goethe, Nietzsche, Erich Fromm, Dale Carnegie. Sogar einen Band »Deutsche Gedichte« nimmt sie mit. Sie taucht tief ein in fremde Welten, die sich nur im Lesen offenbaren. Vor allem Biografien faszinieren sie. Wie andere Menschen ihr Leben steuern, wie sie Höhenflüge meistern, Abstürze überstehen und Niederlagen verhindern, das alles interessiert sie brennend.

Denn insgeheim weiß sie seit jenem Augenblick, da der Notarzt ihr fast väterlich-freundlich zuflüsterte: »Sie haben sich wohl etwas zu sehr übernommen«, dass sie den Grenzbereich des Lebens erreicht hat und berufliche Erfolge alleine nicht mehr zählen.

Und dann kam der Augenblick, da sie ausgerechnet in dem kleinen schmalen Gedichtband ein paar Verse von Theodor Storm las, die sie zuvor noch nie gehört hatte und die in jenen wilden Aufbaujahren ihrer steilen Karriere auch niemals die Chance gehabt hätten, ihre Seele zu erreichen. Diese Verse lauten:

Wir können auch die Trompete blasen
Und schmettern weithin durch das Land.
Doch schreiten wir lieber in Maientagen,
Wenn die Primeln blühn und die Drosseln schlagen,
Still sinnend an des Baches Rand.

Der Pfeil der Erkenntnis hatte sie getroffen. Sie notierte sich diese Verse. Sie spürte: Diese Zeilen des Mannes aus Husum, der »grauen Stadt am Meer«, waren der Lockruf einer anderen Welt, die es neben ihrer lauten erfolgsgierigen Welt auch noch gibt: die Welt der Stille und des »In-sich-Hineinhörens«.

Sie wusste plötzlich, dass sie nur in dieser ihr bisher eher fremden Welt die Gesundung finden konnte. Und sie setzte sich an den Schreibtisch und schrieb ihrem »Lebenszeitpartner« in einem Fax, dass sie sich auf das Wiedersehen freut und auf lange Spaziergänge mit ihm in Travemünde an der Ostsee am Brodtener Steilufer.

Und im Stillen dachte sie für sich: Nie hätte ich geglaubt, dass ein kleines Gedicht genügt, um die simple Wahrheit zu erkennen, die da lautet: Man muss ja nun wirklich nicht in totaler Selbstüberschätzung pausenlos und Tag für Tag die Trompete blasen …

»Oh Zeit, oh Zeit, niemand erkennt dich, als wer dich verloren hat«

Die Gefahr ist groß, dass man sich in einem Gespräch mit Karl Scheufele, dem Chef von Chopard, in die Welt des schönen Scheins verliert, über Luxus und Reichtum, über Diamanten und Brillanten redet und die Wirklichkeit des Lebens aus den Augen verliert.

»Und diese Wirklichkeit ist, dass die Zeit dahinjagt wie ein Pfeil und dass Sie mit Ihren Uhren uns täuschen.«

»Wie darf ich das verstehen?«

»Ich vergesse nie einen Gedanken, den mir der Hamburger Theologe und Prediger Professor Thielicke vor vielen Jahren sagte. Und der Gedanke heißt: Die Uhren haben etwas Trügerisches an sich. Sie vermitteln uns das Gefühl, die Zeit sei unendlich. Morgen gibt es wieder dieselbe Stunde, die ich heute auf dem Zifferblatt sehe. Die Wahrheit aber ist eine andere, und die klingt grausamer! Die Zeit gleiche einem Korridor mit vielen Türen, und jeden Tag schlagen wir eine Tür zu – und können sie nie, nie wieder öffnen. Herr Scheufele, mogeln wir uns mit einer Uhr nicht an dieser unerbittlichen Erkenntnis vorbei …?«

»… und ist das nicht tröstlich?«, fällt mir der Herr der Uhren ins Wort. »Ich erinnere mich, dass ich als 15-jähriger Lehrling meine erste Uhr in der Werkstatt meines Vaters baute. Und dass mich der Meister am Schluss fragte, was wir dann nun ins Zifferblatt schreiben sollten. Da wälzte ich kluge Bücher, bis ich einen Spruch fand, den ich ebenfalls nicht vergessen habe und der als Motto über meinem Leben stehen könnte. Er lautete: Oh Zeit, oh Zeit, niemand erkennt dich, als wer dich verloren hat.«

Karl Scheufele hält inne, lauscht seinen eigenen Worten nach, schließlich ist er in einer nachdenklichen Phase seines Lebens, hier im »Jägerwinkel« von Bad Wiessee, wo er auf die Ergebnisse seines Check-up wartet.

»Sie sehen, die Grundmelodie des Lebens, nämlich das Bewusstsein für den Wert der dahinjagenden Zeit, ist mir seit frühester Jugend vertraut.«

Der Mann ist für ein paar Tage an den Tegernsee gekommen, um die Spuren eines Lebens abzustreifen, das dem Chef einer Firma mit über tausend Angestellten und einem weltweiten Auftritt alles abverlangt.

Alleine die Events rund um den Globus auf den Spielwiesen des süßen Lebens sind nicht das Honigschlecken, das wir von außen dafür halten. Amerika, Asien, Vorderer Orient, immer wieder

Monte Carlo und Cannes, das bedeutet auch Reisestress – und einen dicht gedrängten Terminkalender.

Für die Eröffnung seiner Chopard-Boutique in Kampen im vergangenen Sommer reichte es beispielsweise nur für einen halben Tag frische Nordseeluft.

»Aber die Events müssen sein«, sagt Karl Scheufele mit verblüffender Offenheit und verrät den Mechanismus des Party-Karussells: »Wir laden ein paar ›beautiful people‹ ein. Und wir wissen, wenn die kommen, kommen die anderen alle auch, weil sie glauben, etwas zu versäumen. Und glauben Sie mir: Das Kennzeichen unserer Zeit ist, dass niemand etwas versäumen will. Und dann sehen die Leute den Schmuck und die Uhren von Chopard, und dann hakt sich bei ihnen der Gedanke fest: Das muss ich auch haben.«

Karl Scheufele, ein Mann, der im Luxus lebt, der Luxus atmet, kommt aus Genf, jener Stadt, von der Voltaire spöttisch sagte: »Wenn ein Bankier in Genf aus dem Fenster springt, kann man ihm getrost folgen – dann ist sicher im Fallen noch Geld zu verdienen.«

»Was halten Sie von der Behauptung des Preußenkönigs, wonach Luxus den Menschen zu keiner Tugend antreibt, sondern meist alle besseren Gefühle in ihm erstickt?«

Die Antwort ist pfeilschnell: »Wenn ich mich in den Salons von Schloss Sanssouci umschaue, frage ich mich schon, wo sich hier die Theorie mit der Praxis deckt. Nein, die Wahrheit ist, dass in den Menschen eine tiefe Sehnsucht nach Luxus verborgen ist, der eben nur verschieden definiert wird: Für den einen ist Luxus eine mechanische Uhr, die übrigens wieder groß in Mode gekommen ist, für den nächsten ein Oldtimer – der Luxus hat viele Facetten. Schon ein guter Tropfen Bordeaux kann Luxus sein.«

»Auch wenn Sie nicht glauben: Gehen Sie Heiligabend zur Christmette!«

Liebe Freundin, Sie sagten mir gestern, Sie würden sich nicht trauen, am Heiligen Abend zur Christmette zu gehen, weil Sie das ganze Jahr über kein einziges Mal in der Kirche waren und sich deshalb »schofel« vorkommen würden, ausgerechnet am 24. Dezember den wirklich Gläubigen die Plätze wegzunehmen.

»Ich hätte dabei ein ganz schlechtes Gefühl«, das sagten Sie auch noch, um mich dann zu fragen, ob ich Sie verstehen könne.

Lassen Sie mich mit einer kleinen, aber höchst sinnreichen Geschichte antworten, die von einem Artisten handelt, der auf einem Drahtseil über den Niagarafällen Steine auf einer Schubkarre transportiert – ein Wackeln würde Absturz in die tosenden Tiefen und Tod bedeuten.

Am Ende seiner Vorstellung fragt der Artist einen jungen Mann: »Glauben Sie, dass ich auch einen Menschen in einer Schubkarre heil zum andren Ufer bringe?« – »Aber sicher«, antwortete der Zuschauer überzeugt. »Dann steigen Sie ein, ich fahre Sie hinüber«, forderte ihn der Artist auf. Großes Erschrecken, der junge

Mann wehrt sofort ab: »Nein, danke, nicht mit mir!«

Was uns diese kleine Geschichte sagen will, ist dies: Viele Menschen »glauben« in dem Sinne, dass sie etwas für wahrscheinlich oder für möglich halten. Aber das hat nichts zu tun mit dem Gottesglauben, den die Bibel meint und den in herrlich alttestamentarischer Sprechweise der jüdische Theologe Martin Buber so beschrieben hat: »Ich liege hingestreckt am Boden, hingeworfen wie ein Stein, aber aufgekündigt wird mir nicht.« Denn Jesus hat uns die Treue Gottes zugesagt, nicht nur als Vertröstung für ein Jenseits, sondern auch als Verheißung für das Hier und Heute.

Ich verstehe, liebe Freundin, die Gefühle – all jener Menschen, denen wie Ihnen ein solcher intensiver Glaube noch nicht geschenkt wurde. Und ich erinnere mich, anlässlich Ihrer Frage, an ein langes Gespräch mit dem Wiener Erzbischof Kardinal König, weil der Gottesmann dabei genau von jenem Leiden der Rastlosigkeit sprach, dem auch Sie, liebe Freundin, wie die meisten Menschen unserer schnellen Zeit erlegen sind.

Es sei das »Etappen-Denken«, das unsere Seelen nicht zu Ruhe kommen lässt: der nächste Urlaub, die nächste Reise, die nächste Wohnung, das nächste Auto, der nächste Karriereschritt. Von Station zu Station hetzt der Mensch kurzatmig durch sein Leben. Er verdrängt, dass irgendwann der Tag kommt, an dem die Etappenjagd einmal ins Stocken gerät – oder gar ganz endet – und er dann die Summe ziehen muss.

Kardinal König hat in seinem fast 100-jährigen Leben eines beobachtet: Dieser Tag kommt im Leben eines jeden Menschen mit Sicherheit. Dann stellt er sich die Gottesfrage, weil er spürt, dass ohne tieferen Sinn nichts im Leben geht, jedenfalls nicht auf Dauer. »Glauben ist eine Sache des Herzens, nicht des Verstandes« – diese Worte gab mir der Kardinal auch noch mit auf den Weg, ich habe sie nie vergessen.

Sie sollten also, liebe Freundin, am Heiligen Abend zur Kirche gehen. Ich wünsche Ihnen eine Predigt, die Ihr Herz aufwühlt, Sie sollen sich in der Gemeinde der Gläubigen wohl fühlen, auch wenn Sie heute noch nicht »glauben« dazuzugehören.

Eine Anekdote zum Schluss, die zu Ihrer Frage passt: Ein ortsbekannter Zweifler kniet im Kirchenstuhl. Ein Nachbar, völlig überrascht, spricht ihn an. »Was machst du hier, ich denke, du glaubst nicht an Gott?« – »Freilich nicht«, antwortet der Gottesdienstbesucher, »aber weiß ich, ob ich Recht habe?«

Das schönste Wort zu diesem Thema aber stammt von Abraham Lincoln: »Ich könnte mir vorstellen, dass ein Mensch auf die Erde hinabschaut und behauptet, es gebe keinen Gott, aber es will mir nicht in den Sinn, dass einer zum Himmel aufschaut und Gott leugnet.« In diesem Sinn wünsche ich Ihnen eine gesegnete Weihnacht.

Das Glück mit Kindern – es ist in Wahrheit unbezahlbar

Mein lieber junger Freund, ich war total erschrocken, als Sie gestern in unserer Freundesrunde lauthals verkündeten, ein Kind komme für Sie auf keinen Fall in Frage, Sie wollten sich niemals durch Babygeschrei fesseln lassen, das Leben hatte doch so viel Schöneres zu bieten als »kleine Scheißer« – ja, mein lieber Freund, ich habe diese Vokabeln noch im Ohr, wer konnte sie auch überhören angesichts des Eifers, mit dem Sie noch hinzufügten, aktuelle Umfragen würden Sie glänzend bestätigen – »jeder Vierte in meinem Alter denkt so ähnlich«.

Nun glaube ich nicht, mit diesen Zeilen Ihre Gedanken oder gar Pläne ändern zu können. Denn das Klima, in dem Sie sich hierzulande bewegen, ist ja oft genug beschrieben und beklagt worden, wenn auch mit einem Gefühl der Ohnmacht – es hat den bösen Namen »Kinderfeindlichkeit«.

Als vor einem halben Jahrhundert die Medizin den Frauen eine scharfe Waffe in die Hände gab, die Empfängnisverhütung heißt, da wurde für diese Waffe ein besonders hässliches Wort gewählt: die Anti-Baby-Pille. Mit dieser Wortwahl zeigte man schon damals, dass eine neue Form von Ehrlichkeit modern wurde: Man gab seinen Egoismus ohne Scham und ohne Reue öffentlich zu. Inzwischen sind wir im europäischen Vergleich das Schlusslicht, wenn es um ein familienfreundliches Umfeld geht.

Ich habe in meinem Tagebuch noch einmal nachgelesen, welche Gefühle mich übermannten, als mein Sohn zur Welt kam, fast vier Jahrzehnte ist es her. Mit dem erlösenden Anruf aus der Klinik von Schwester Annemarie begann es: »In zwei Stunden können Sie kommen, Ihre Frau ist wohlauf.« Wohlauf, mein Gott, was für eine gute Nachricht.

Was müsste ich jetzt tun? Auf einen Berg steigen und Gott danken? Durch die Straßen laufen und jubeln: Ich habe einen Sohn! Die eigene Mutter anrufen und fragen, was eine Frau in solchen Momenten fühlt, da sie ihr Baby in den Armen hält?

Und ich fragte mich danach: Was wünsche ich meinem Kind? Da war vor allem der Wunsch, es möge Glück haben. Es gibt so viele Menschen, die redlich sind, ehrlich, fleißig, zuverlässig, betriebsam, die aber glücklos sind. Bei denen nur selten aus hochgetürmten Wolkengebirgen alltäglicher Sorgen ein Sonnenstrahl in ihr Leben fällt.

Dann wünschte ich meinem Sohn die Kunst, den Wert des Augenblicks zu erkennen. »Du wirst eines Tages zum ersten Mal in deinem Leben durch die Dünen ans Meer laufen, und da wird ein Augenblick sein, der dir nicht verloren gehen darf: Du spürst, gleich liegt das Meer vor dir, aber du siehst es noch nicht. Du ahnst nur: Noch zwei, drei Schritte auf die Anhöhe, und dann, dann ist es so weit. Diese Sekunde, da der Wind auffrischt, da die Dünengräser sich biegen, da du die Wellen schon hörst, bevor das Meer dir wirklich zu Füßen liegt – verschenke sie nicht. Der Augenblick des höchsten Genusses liegt oft da, wo man ihn nicht vermutet.«

Natürlich hatte ich sofort auch alle Probleme vor Augen, die sich einstellen werden. Probleme, die mit Kindergarten, Schule, Autoritäten, Universitäten, dem Generationenkonflikt zu tun haben. Aber ich ahnte auch: Es wird so sein wie überall. Wir werden uns abends ins Kinderzimmer schleichen und staunend an dem Bett stehen, in dem das Kind in seinen Träumen liegt. Wir werden das erste Lächeln filmen, die ersten Schritte begleiten, den ersten Treppensturz als Schmerz im eigenen Herzen spüren. Uns werden Todesängste plagen, wenn das Kind im Stadtpark plötzlich verschwunden ist. Wir werden verzweifelt auf den Arzt warten, sobald die Fiebersäule über vierzig Grad hinaufschießt. Es wird seltsamerweise meist an einem Wochenende sein …

Und wir wissen, Ärger ist vorprogrammiert: Ärger mit Nachbarn, Lehrern, Behörden. Und Reisen werden ausfallen. Das Geld wird weniger wert sein. Es wird all die Sorgen geben, die man befürchtet hatte – und doch gibt es einen geheimnisvollen Schatz, den niemand missen möchte, der ihn einmal für sich gewonnen hat: die Liebe zu den Kindern und mit den Kindern.

Lieber Freund, um es kurz zu machen: Kinder mögen nicht die einzige Wahrheit des Lebens sein, gewiss; aber ich glaube, dass es leichter ist, den Sinn all dessen zu verstehen, was wir so in unseren Alltagsgeschäften tun, können wir in Kinderaugen schauen. Fragen wir niemals nach dem Preis eines Kindes, den wir glauben mit dem Verlust von Bequemlichkeit zu bezahlen. Das Glück mit Kindern ist nämlich in Wahrheit eines: unbezahlbar!

Glückwunsch zum 50. Geburtstag: Die Liebe ist das Maß aller Dinge

Liebe Freundin, nun werden Sie fünfzig, und Sie staunen angesichts ihrer jugendlichen Ausstrahlung über sich selbst. Sie lachen und sagen: »Was soll's, fünfzig ist kein Alter!« Und doch fragten Sie mich am Telefon, ob ich Ihnen für die nächste Wegstrecke, die das Leben für Sie bereithält, einen guten Rat mitgeben könne?

Ich vermute, dass eine leise Melancholie Ihre Seele streift, die mit dem Wegbrechen der Zeit zu tun hat, immerhin sagten Sie trotzig, »die ersten fünfzig Jahre kann mir keiner nehmen, was immer auch kommen mag«, dieses Kapital schon gelebten Lebens haben Sie sicher auf Ihrem Zeitkonto – aber wie geht's weiter?

Zufällig las ich kürzlich in einem leicht vergilbten Taschenbuch aus dem Jahr 1953, in dem Sie geboren wurden, den berühmten Roman des Dichtergenies Honoré de Balzac, den dieser hundert Jahre zuvor geschrieben hatte: »Die Frau von dreißig Jahren« – die Geschichte der Gräfin Aiglemont, die an der Kälte und Gleichgültigkeit ihres Gatten wie an einer geheimnisvollen Krankheit dahinsiecht, weil sie sich in ihrer Ehe in all ihren Erwartungen und Träumen enttäuscht sieht.

Balzac hatte den Typus der »unverstandenen Frau« geschaffen und es gewagt, als Erster auszusprechen, was sich zuvor keiner getraut hatte: Nicht nur die Frau von dreißig Jahren, auch die von vierzig und älter hat das höchste Recht auf Liebe, heute eine Selbstverständlichkeit.

Unmöglich also, dass heute ein solches Buch Furore machen würde. Womit ich bei meiner wichtigsten Botschaft aus Anlass Ihres schönen Geburtstages bin: Halten Sie die Liebe fest, die Sie um sich haben, hüten Sie die Liebe Ihres Mannes, die der Familie, die Zuneigung der Freunde. Geben Sie keinen Herzschlag her! Die Liebe ist das Maß aller Dinge, vergessen Sie das nie.

Was dann noch dazugehört, um die nächste Dekade zu meistern, ist schnell gesagt und hat wenig mit Lifting, Ayurveda, Wellness-Urlaub, Tiefenatmung und dergleichen Zauberei zu tun, auch wenn es Ihnen die Gurus einer »ewigen Jugend« predigen.

Viel wichtiger ist es, dass Sie jeden neuen Tag ergreifen wie einen Luftballon und zuschauen, wohin der Wind ihn trägt. Noch sind Sie weit von jenem Vergänglichkeitsgefühl entfernt, das ein Dichter in die schwermütigen Worte fasste:

»Der Frühling, der jetzt wiederkehrt, er trägt mir nicht den schweren Hauch des Flieders zu.«

Ich erinnere mich so sehr an diese Zeilen von Aragon, weil wir bei unserem letzten Spaziergang vor einem Fliederbusch anhielten und Sie sich wie verzaubert fühlten. »Was kommt dem Frühling gleich?«, jubelten Sie, und ich spürte: Sie haben das Staunen immer noch nicht verlernt.

Sie sind also auf der richtigen Spur. Ein halbes Jahrhundert haben Sie schon auf dem Zeitkonto, das ist so wenig nicht, eingedenk des philosophischen Gedankens, wonach das Leben eine Zusammenkunft ist, zu der immer nur eine begrenzte Zahl auf einmal eingeladen ist – »und nie wird die Einladung wiederholt«.

Viel Glück also, liebe Freundin, fünfzig ist ein wunderbares Alter, das Leben hat Sie eingeladen, das Leben weiter zu umarmen!

Wenn die Frau verreist: »Lass dir die Zeit nicht lang werden, Liebling!«

Endlich Feierabend. Ich fahre nach Hause. Ich weiß, dass die Wohnung leer sein wird, abends, die Frau ist ja mit dem Enkelkind für ein paar Tage fortgefahren. Es gab morgens noch diese schwebenden, schrecklichen Minuten der Trennung, in denen sinnlose Sätze hin und her geschoben wurden wie Bauklötze: »Bleib schön artig« – »Schreib mal« – »Vergiss uns nicht« – Denk daran, das Elektrische auszudrehen« – »Ich ruf dich an«.

Ich weiß also, dass die Wohnung leer sein wird, die ich nun aufschließe. Schon von Ferne sah ich die Dunkelheit in allen Fenstern. Die Zeitung steckt noch im Briefkasten. Im Flur hängt kein Mantel, die Kinderschuhe fehlen, die sonst immer gleich vorne am Eingang stehen.

Erst einmal in allen Räumen das Licht einschalten! In der Küche steht ein Topf, Vorgekochtes. »Damit du morgen nicht essen gehen musst.« Meine Frau hat noch im Aufbruch an mich gedacht! Im Wohnzimmer die Blumen, jeden zweiten Tag brauchen sie Wasser, ich soll es nicht vergessen, wenn möglich bitte …

Dann dieser kleine Stich ins Herz: das leere Kinderzimmer. Der Teddy auf dem Bett sieht plötzlich ganz traurig aus. Die Knopfaugen schauen mich an. Teddybären müssten reden können. Sie würden uns erzählen, was unsere Kinder nicht sagen. Dieser hier kann nicht einmal mehr brummen, wenn man ihn auf den Bauch legt – er wurde kürzlich von meinem Enkel »operiert«.

Es ist alles so beklemmend still. So ordentlich. Die Küche sieht aus wie eine Küche aus dem Schaufenster eines Warenhauses. Die Sessel am Fernseher stehen so parallel wie Zwillinge: Gestern haben wir hier zusammen noch einen Krimi gesehen. Ich kann die Ruhe nicht ertragen, schalte das Bild ein. Die Tagesschau: Politiker, Bomben, Kongresse, Wetterkarte.

Auf dem Tisch steht eine halbe Flasche Wein, der Rest von gestern. Daneben ein Zettel, ein paar liebe Worte, Trost, soweit »der Herr des Hauses« Trost braucht, man liest ja so viel in den Zeitschriften, was heute alles so läuft. »Lass dir die Zeit nicht lang werden«, steht auf dem Zettel.

Wenn die Frau jetzt in dieser erbärmlichen Minute des Alleinseins anrufen würde, fragen würde, vielleicht zweifeln würde, was denn ihr Mann so allein treibt, sie würde hören: »Es geht mir fabelhaft, Liebling.« Weil wir Menschen so seltsam gebaut sind, dass wir aus mancherlei

Gründen nicht zugeben: Diese plötzliche Einsamkeit ist trostlos, grauenhaft.

Bis dann am nächsten Morgen die Sonne aufgeht und dann doch dieser königliche Augenblick kommt, da ein Mann in einer leisen Wohnung vor einer Tasse Tee sitzt und – ungestört, völlig ungestört – Zeitung liest. Und keine vorwurfsvolle Stimme ertönt: »Kannst du nicht wenigstens beim Frühstück auf das Lesen verzichten?!«

»Es sinkt auf meine Augenlider ein goldner Kindertraum hernieder«

Noch ein paar Tage bis zur Bescherung. Alles Gehetztsein, alles Jagen hat dann ein Ende, die Türen der Geschäfte sind endlich verschlossen, die letzten unverkauften Weihnachtsbäume stehen traurig am Straßenrand, fast ein Symbol für dieses Fest, bei dem es neben leuchtenden Kinderaugen und strahlendem Glanz auch viel Armut, Einsamkeit und Verlorenheit gibt.

Die Welt um uns ist dann ganz leise. Wir suchen im Radio weihnachtliche Musik, tasten von Sender zu Sender, irgendwo muss doch wenigstens »White Christmas« mit Bing Crosby kommen, wenn »Stille Nacht, heilige Nacht« noch immer nicht zu hören ist.

Auch dort, wo sich noch öffentliches Leben abspielt, auf Flughäfen und Bahnhöfen, ist endlich eine wundersame Ruhe eingekehrt. Diese Ruhe macht die Menschen milder, geduldiger, freundlicher – warum sind wir Christen – das frage ich mich alle Jahre wieder – nicht immer so christlich wie an diesen festlichen Tagen? Wir verpacken hastig, kurz vor der Bescherung, die letzten Geschenke, eine leise Angst beschleicht uns, ob sie ausreichen. Hätte man nicht doch noch die noble Uhr kaufen sollen, damit man wirklich als der große, strahlende Weihnachtsmann erscheint? Aber dann tröstet man sich, dass dies ja kein materielles Fest ist. Und hat man nicht in den Zeitungen so viel von der »neuen Bescheidenheit« gelesen, und tut ein bisschen Askese nicht uns allen gut?

Noch ein paar Tage bis zur Bescherung. Ich greife ziellos in den Bücherschrank. Goethe, Heine, Eichendorff. Bei Hermann Hesse stoße ich auf eine Stelle, die mich erschreckt: »Weihnachten ist ein Giftmagazin aller bürgerlichen Sentimentalitäten und Verlogenheiten«, lese ich da, »Anlass wilder Orgien für Industrie und Handel« – geschrieben 1927. Und ich denke: Dieses Fest hat immer schon die heftigsten Attacken aushalten müssen, und es hat dennoch alle Angriffe überstanden!

Dann blättere ich bei Cesare Pavese, dem großen italienischen Dichter, auch dort – nur Bitteres: »So wenig interessiert sich ein Mensch für den anderen, dass sogar das Christentum empfiehlt, das Gute zu tun aus Liebe zu Gott«, geschrieben 1938. Aber stimmt denn das wirklich? Gibt es nicht immer wieder, gerade auch in diesen Adventstagen, die erstaunlichsten Beispiele von tätiger Nächstenliebe?

Jetzt greife ich zu Theodor Storm, finde die wunderschönen Verse: »Ein frommer Zauber hält mich wieder, anbetend, staunend muss ich stehn; es sinkt auf meine Augenlider ein goldner Kindertraum hernieder, ich fühl's, ein Wunder ist geschehn.« Und siehe da: Endlich bin ich Weihnachten näher. Es gibt Dichterworte, die einen zornig stimmen können, und es gibt solche, die unsere Herzen berühren und sich in unsere Seele einschwingen.

Natürlich, der Kindertraum ist vorbei – nur Kinder haben Kinderträume! –, aber die Erinnerung ist da, unverlierbar. Und wer älter ist, wer die schlimmen Jahre der Verwüstungen erlebt und erlitten hat, der fragt sich insgeheim schon mal: Strahlte der Weihnachtsstern für uns nicht sogar am hellsten, als es dunkel war in Europa mit Krieg, Gefangenschaft, Hunger, Not, Flucht? Weihnachten im Wohlstand hat es schwerer, so seltsam es klingt – wir sollten gnädig sein mit diesem Fest.

Noch ein paar Tage bis zur Bescherung. Keine Angst vor den Geschenken! Ob die Krawatte den richtigen Farbton hat, ob der Computer, dieses komplizierte Glitzerding, von uns eines Tages je bedient werden kann, ob der Diamantring zu dem Dutzend anderer Ringe passt – keine Angst bitte: In einer Zeit, in der so viele schon so vieles haben, kann keiner immer ins Schwarze treffen. Lassen wir also allen Zynismus fahren (»Dieser ganze verdammte Weihnachtsrummel!«), nehmen wir vielmehr die Zeichen der Zuneigung freudig entgegen, auch wenn sie oft von einer rührenden Hilflosigkeit sind.

Denn um uns herum ist es kühler geworden. Die »Tagesschau« am Abend sieht aus wie ein Krankenblatt unserer Zeit. Auch Weihnachten vergeht, wie heute so vieles, im jagenden Tempo. Eine Kerzenlänge Gefühl – und wir sind durch. Und bloß nicht zeigen, dass wir bei der uns immer wieder bedrängenden Frage nach dem Sinn unserer Existenz um Antworten oft verlegen sind.

Auch zu Weihnachten stellt sich nicht die Frage, was wir von diesem Fest halten. Die Sache läuft nämlich genau andersherum: Weihnachten kommt hoch von oben zu uns herunter und fragt uns, wie wir es mit der so seltenen Möglichkeit halten, einmal über unser Verhältnis zum eigenen Leben und zu Gott nachzudenken.

Weil wir Kinder in dieser aus allen Fugen geratenen Zeit doch so gern »fun« haben, wünschen wir uns »Fröhliche Weihnachten«. Aber tief in unserer Seele wissen wir, dass sich das Fest erst erfüllen wird, wenn die Glocken die Stille der Nacht verkünden. Dann werden wir den Ton hören. Und dann, ja dann, werden wir hoffentlich die Melodie verstehen.

Zum 75. Geburtstag: Auch eine einzige Rose entfaltet ihren ganzen Zauber

Es sollte nur eine Tischrede sein, nichts als eine kleine Tischrede aus Anlass eines stolzen Geburtstages, ein Dankeschön an Freunde, eine Liebeserklärung an die Frau, die ihm zeitlebens den Rücken freihielt, und nichts sollte diese Tischrede stören, bis die Gäste dann doch – zwischen Hummercocktail und Lammrücken – plötzlich aufgeschreckt wurden.

Denn mein Freund, der fünfundsiebzig wurde, sagte ohne jede Vorwarnung, eher so, als sei es die selbstverständlichste Sache der Welt, dass er noch einen vielleicht überraschenden Wunsch äußern möchte:

Schenkt mir endlich mehr Ruhe! Lasst mich endlich das Land betreten, auf das ich mich schon freue, das Land des Alters, entrückt vom Lärm des Tages und weitgehend frei von übermäßigen Anforderungen.

Der Mann, der hier »in bester Gesundheit« zu uns sprach, galt in unserem Freundeskreis als ein »fröhliches Haus« – umso überraschender daher dieser abrupte verbale Befreiungsschlag, dieser jäh aufbrechende Wunsch, die Umklammerung zu lösen, die da lautete: Du musst jung sein, immerzu nur jung, jung, jung, du musst aktiv sein, du musst beweglich bleiben, »den Lehnstuhl kannst du vergessen«.

Zur Ehre des Jubilars sei festgestellt: Er hat sich in all den Jahren seit dem 70. Geburtstag auch wirklich tapfer gehalten. Radtouren mit den Enkeln, bis zur Erschöpfung. Nächtlicher St.-Pauli-Bummel mit alten Kollegen, was er im Grunde hasste. »Bloß kein Spielverderber sein, so jung kommen wir nie wieder zusammen«, wer kennt nicht diese verführerischen Sprüche? Und am Sonntag in der Westkurve Fußball live, dabei hätte er die Spiele viel lieber im Fernsehen verfolgt.

Und bei Abendeinladungen gab es immer noch einmal den kurzen Flirt mit der Tischnachbarin, wer will schon zum »alten Eisen« gehören, man hat ja einen Ruf zu verlieren – auch wenn er es sich erotisch längst auf dem Sofa der späten Jahre bequem gemacht hatte.

Nun also fünfundsiebzig! Beim 70. Geburtstag hatte er seine leichte Ermüdung eher kokett angedeutet (»Ich nähere mich langsam dem Greisenalter«), aber damals hagelte es noch aus allen Mündern Proteste: Aufhören, das wollen wir nicht weiter hören, du bist noch so gut drauf, du wirkst noch so jung – warum also vom Alter und seinen möglichen Beschwernissen reden?

Denn die Wahrheit ist, dass niemand wissen will, was ihm im Alter bevorsteht. »Wir sehen es zwar aus nächster Nähe täglich, aber um uns selbst zu schonen, machen wir aus dem Alter ein Tabu«, schrieb der lebensweise Max Frisch, der sich in seiner Dichtung intensiv mit der Selbstentfremdung des Menschen beschäftigt hatte, mit »der falschen Rolle«, die man im Leben oft zu spielen gezwungen ist.

Deshalb hätten wir für die Älteren allerlei Tröstungen erfunden, beispielsweise die Wahl zum Ehrenpräsidenten irgendeiner Vereinigung – »weil so der Umgang mit einem vom Alter Gezeichneten einfach bequemer ist«.

Bis dann eines Tages die Verschleierung nicht mehr gelingt und wir das Niemandsland zwischen Jugend und Alter verlassen – um endgültig die Wahrheit jenes klugen Wortes zu begreifen, das wir Gertrud von Le Fort verdanken: »Das Altern ist wie eine Woge im Meer. Wer sich von ihr tragen lässt, treibt obenauf. Wer sich dagegen aufbäumt, geht unter.«

Und was soll ich sagen? Nach der Tischrede meines Freundes erhob sich diesmal niemand, um noch einmal den Jugendwahn zu beschwören, denn jeder in der Runde hatte erkannt: Von all den Waffen aus dem Anti-Aging-Programm: Joggen bis zur Atemnot, Anti-Falten-Creme, Power-Walking, Diät bis zum Umfallen, Auswendiglernen von Gedichten, Vitaminpillen und Hormonsubstitution – möchte er nichts mehr wissen.

»Es muss in meinem Alter kein ganzer Rosenstrauß sein, auch eine einzige Rose entfaltet ihren ganzen Zauber«, das hatte er auch noch gesagt. Seine neue Philosophie des Lebens. Sie klang gut. Und irgendwie auch wieder ganz jung, komischerweise.

Spätheimkehrer 1955: Es gibt Ereignisse, für die es keine Worte gibt

»Also, junger Kollege, heute werden Sie Ihr Meisterstück abliefern«, sagte Hans Wegner zu mir, Nachrichtenchef der noch jungen Bild-Zeitung, ein Meister der Psychologie, der mich mit einem Auftrag beglückte, von dem er hellseherisch, wie ich heute weiß, vor genau fünfzig Jahren, Anfang Oktober 1955, sagte: »Das Erlebnis werden Sie ein Leben lang nie vergessen.«

Und genau so ist es gekommen. »Sie fahren jetzt zum Hamburger Hauptbahnhof, dort kommen die letzten Kriegsgefangenen aus Russland heim, es werden viele Journalisten dort sein, aber Sie, junger Kollege, schreiben das, was ins Herz der Leser trifft.«

Und so lautete mein Auftrag: »Wenn die Männer, die zehn oder mehr Jahre lang von ihrer Familie getrennt waren, aus den Zügen steigen, dann horchen Sie genau hin: Was sind die ersten Worte, die nach so langer Zeit gesprochen werden? Mehr nicht, das ist alles.«

Es ging um die fast zehntausend Kriegsgefangenen, deren Freilassung Bundeskanzler Dr. Konrad Adenauer bei seinem ersten Moskau-

Besuch im Herbst 1955 in harten Verhandlungen erkämpft hatte.

Endlich kamen sie, die Männer der verlorenen Generation eines verlorenen Krieges, über das Aufnahmelager Friedland nach Hause, wo sich alles total verändert hatte: Das Wirtschaftswunder hatte Einzug gehalten; die Ruinen waren weitgehend verschwunden; eine begeisternde Aufbruchsstimmung herrschte im Land.

Der Zug rollte langsam in den Bahnsteig ein, in den Gesichtern der wartenden Menschen war die ungeheure Spannung zu erkennen, die sich ihrer bemächtigt hatte: Gleich würden sie dem Ehepartner, dem Vater, Sohn, Bruder, Freund, der Verlobten gegenüberstehen – würden erlöst sein von den Qualen der Ungewissheit, ob man sich auf dieser Erde noch einmal wiedersieht.

Ich lief auf dem Bahnsteig auf und ab, stellte mich immer dann ganz nah zu jenen Menschen, die sich umarmten, notierte, was ich hörte, und war erstaunt – alles hatte ich erwartet, nur dies nicht: Es gab nur Belangloses. So dachte ich jedenfalls.

»Hast du mein letztes Päckchen noch bekommen?« – die Frage einer älteren Frau, die von ihrem Sohn hören wollte, ob es mit der Post geklappt hat. Genauer: die Angst einer Mutter, die zehn, zwölf, fünfzehn Jahre – also eine Ewigkeit – daran gehindert worden war, ihrem Kind Gutes zu tun.

»Ich hab' dein altes Zimmer freigeräumt, es ist so, wie du es 1941 verlassen hast« – eine Frau umarmt ihren Mann mit einer Geste, als sei er aus dem Weltall zurückgekommen.

»Steigt doch aus, hier braucht ihr wirklich keine Angst mehr zu haben«, rief ein junger Mann einem hageren Mann zu – es war sein Vater, der – überwältigt von dem Empfang – noch zu zögern schien, den Zug zu verlassen.

Unvergessen auch die Geste einer Frau, die einem ihr fremden Heimkehrer den Mantel ihres Sohnes schenkte – »Ich bitte Sie, nehmen Sie ihn gerne, er ist unbenutzt, mein Sohn konnte ihn nicht mehr tragen, er ist in Russland gefallen.«

Eine »Welle der Liebe« überrollte die Männer, wie die Zeitungen schrieben; die Begeisterung war so groß, dass die sowjetischen Behörden heftig protestierten, ja, sie verlangten sogar, dass die Heimkehrer nicht mehr im Aufnahmelager Friedland mit dem Choral »Nun danket alle Gott« begrüßt werden …

Ein halbes Jahrhundert ist seither vergangen, aber eine Erkenntnis hat sich in mir ganz fest verankert: Es gibt Ereignisse wie das wunderbare Erlebnis der wiedergewonnenen Freiheit, für die es keine Worte gibt; wir hören nur banale Worte und doch: Sie berühren uns mehr als all die hohlen Phrasen von Freiheit und Gerechtigkeit, die Politiker uns oft in ihren Reden heute zumuten.

Denn die kleinen Worte der so genannten »kleinen Leute« sind eben sehr oft die großen Worte, die man ein Leben lang nicht vergisst.

»›Jemanden feuern‹, das klingt nach Verbrennen, finden Sie nicht?«

Er sei soeben aus Frankfurt eingeflogen. Zum Durchatmen. Er kann nur vier Tage bleiben. »Aber es musste sein. Ich musste mal die Tapete wechseln.«

»Verrückt, so ein langer Trip für nur hundert Stunden«, sage ich. Er schweigt.

Der Fremde ist knapp fünfzig, ein Manager, wie er andeutet, verantwortlich für viele hundert Mitarbeiter. »Der Status stimmt«, sagt er und erzählt, sich im besten Hotel in Miami einquartiert zu haben. »Man gönnt sich ja sonst nichts.« Er lächelt verbittert.

Wir sitzen am Strand von South Beach. Hinter uns die Todesvilla, in der Gianni Versace starb, verblutet, von einem Killer erschossen. Touristen fotografieren sich gegenseitig vor dem Portal. Der Palast am Ocean Drive 1116 wirft keinen Schatten; er *ist* der Schatten in diesem Hexenkessel.

»Auch die Palmen wachsen hier nicht in den Himmel«, sage ich. »Der Modezar hielt sich für unsterblich, für einen Liebling der Götter, umschmeichelt von Schönheit – und dann dieses Ende.«

»Erzählen Sie mir was Schöneres«, sagt der Fremde, »darum bin ich nicht nach Florida geflogen, um mir das anzuhören. Mich treiben ganz andere Ängste um.«

Er lässt den Sand spielerisch durch seine Finger gleiten: »Die Wolkenkratzer sehen hier ganz anders aus als in Frankfurt, als ob sie schweben, so leicht. Bei uns zu Hause ist alles so schwer, so grundsätzlich.«

Und dann, als habe er nur darauf gewartet, die Ketten der Disziplin zu sprengen, stößt er einen Fluch aus: »Wer bei uns in Deutschland Macht hat, ist arm dran, das ist mir jetzt klar geworden.«

Nun berichtet der Fremde mir, welche Ängste sich seiner plötzlich bemächtigt hatten. »Es war vor ein paar Tagen, bei einer dieser vielen Konferenzen, in denen es um Richtungsentscheidungen geht. Kein Honigschlecken, das kann ich Ihnen sagen! Und da geschah es: Ich blickte mich in der Runde um und schaute in die Gesichter all der lieben und netten Kollegen und dachte mir: Wenn ich hier morgen nicht mehr Chef bin, wer nimmt dann noch ein Stück Brot von mir?«

»Und wie fiel die Bilanz aus?«

»Vernichtend! Nicht, weil ich den einzelnen Kollegen misstraue, sondern weil es bei uns in der Wirtschaft und in der Politik inzwischen ein

Klima gibt, das keine Rücksicht, keine Gnade mehr kennt. Ich möchte heute für niemanden mehr die Hand ins Feuer legen«, sagt er leise, apropos Feuer: die Sprache sei schon sehr verräterisch: »Jemanden feuern, das klingt doch nach Verbrennen, finden Sie nicht?«

Nun möchte der Fremde von mir doch gerne wissen, ob ich noch an der Front bin »oder schon retired«?

»Ich bin Journalist«, sage ich. Er erschrickt. Pause. Dann lacht er zum ersten Mal in dieser zufälligen Begegnung. »Ach was, warum soll ich die Wahrheit verstecken? Schreiben Sie über unser Gespräch. Ich bin mir sicher, nein, ich weiß: Sie könnten heute Zehntausende solcher Gespräche in Deutschland führen. Über die Ohnmacht der Macht. Über diese Angst vor Verantwortung, vor Entscheidungen, die sich wie eine geheimnisvolle Krankheit ausbreitet und die schuld daran ist, dass sich kaum etwas bei uns bewegt.«

Als ob er es mir beweisen müsste, zeigt er mir die aus dem Flieger mitgebrachte neue »Spiegel«-Ausgabe mit dem Titel »Lachnummer Deutschland« – und den Porträts von 22 Spitzenpolitikern: »Die sehen auf dem Bild doch alle aus wie in einem Kasperle-Theater – so weit sind wir also schon gekommen?«

Minuten später: Der glutrote Sonnenball versinkt, ein kitschig-schönes Spektakel. »Selbst die Sonne sieht hier in Florida ganz anders aus als in Deutschland. Imposanter. Größer. Ich weiß auch nicht, was zur Zeit mit uns los ist.«

Der letzte Stoßseufzer des Fremden, zugleich Ende eines bedrückenden Gesprächs unter Palmen, das ich nicht vergessen werde.

Das Poesiealbum für unsere Zeit muss erst noch geschrieben werden

Es sind nur vier Zeilen, sie stammen von keinem der großen Dichter und Denker, die es einst in unserem Land gegeben hat, sie sind auch nicht aus der Welt der schönen Bücher, die die Verlage in Jahrhunderten uns Menschen schenkten, ohne sicher zu sein, dass sie alle je gelesen werden, nein, diese vier Zeilen fand ich zufällig in dem – nun bitte nicht erschrecken: in dem Poesiealbum meiner Frau, das in einem verlorenen Winkel im Keller auf seine Wiederentdeckung gewartet hatte.

Diese vier Zeilen klingen wie eine Melodie, die von einem Kurorchester in einem plüschigen Badeort gespielt wird und die herüberweht aus einer wirklich versunkenen Welt. Sie lauten: »Sei wie das Veilchen im Moose, bescheiden, sittsam und still; nicht wie die stolze Rose, die immer bewundert sein will.«

Beim weiteren Blättern in dem vergilbten Büchlein finde ich viele weitere Sprüche und Ratschläge, die in dieselbe Richtung zielen – beispielsweise: »Dem kleinen Veilchen gleich, das im Verborgenen blüht, sei immer fromm und gut, auch wenn dich niemand sieht.« Oder: »Bewahr im Herzen Sonnenschein und trag ihn überall hinein.«

Mein erster Gedanke bei der Lektüre: Was die Mitschülerinnen von einst meiner Frau rieten, das soll man den Menschen von heute einmal klar machen: dass er »im Verborgenen« leben soll, bescheiden und sittsam, fromm und gut! Wer immer es versucht, er würde ausgelacht. Er würde in den Verdacht geraten, die brutalen Spielregeln nicht zu kennen, mit denen wir es heute zu tun haben, ein Träumer zu sein, inmitten einer Gegenwart, die alles erlaubt, nur eines nicht: sich poetischen Wünschen hinzugeben.

Ein Blick in die Buchhandlungen allein genügt schon: Dort liegen die Ich-bin-ich-Bücher zuhauf, da gibt es Titel wie »Warum es sich lohnt, faul, unpünktlich und unordentlich zu sein«. Da wird allen Ernstes behauptet, dass es einem im Leben besser geht, wenn man sich gehen lässt. Dass Tugenden überholt und eigentlich nur etwas für Schlafmützen sind, hinderlich bei der Jagd nach Glanz, Glück, Erfolg.

Mein zweiter Gedanke bei der Lektüre: Was würde ich heute einem jungen Menschen in sein Poesiealbum schreiben, wenn er denn überhaupt ein solches besitzt? Müsste ich nicht schreiben: »Nimm, was du kriegen kannst, in dieser geilen Welt, nimm alles ohne jede Scham, nimm vor allem immer Geld, Geld, Geld.« Müsste ich nicht so oder ähnlich formulieren, wenn ich den Nerv der Zeit treffen wollte?

Und müsste ich nicht hinzufügen: Tu alles, um in die Medien zu kommen. Big Brother ist für jeden da. Habe Mut, obszön zu sein. Als ich jetzt die Geschichte von einem Schlagerfuzzi las, der sich sieben Wochen lang durch die Medien schleppen ließ, weil er angeblich von dem grausamen Schicksal der Multiplen Sklerose geschlagen ist – der über Gedanken an ein Leben im Rollstuhl sprach, der sich zu Gymnastikübungen für seine Wirbelsäule interviewen ließ, um dann nach Artikeln voller schlagzeilenträchtiger Spekulationen plötzlich via Fernsehen vor seiner Abschiedstournee Entwarnung zu geben: »Ja, ich bin kerngesund« –, fragte ich mich einmal mehr: Wieso kriechen wir eigentlich immer wieder auf eine solche Schleimspur, die so ein Schlagerfuzzi zur Steigerung seines Marktwertes ausgelegt hat?

Mein letzter Gedanke aber ist der traurigste, weil ich beim Blättern der Poesiesprüche spürte, dass es eine Zeit gegeben hat, in der man die Vokabeln »bescheiden, still, fromm, gütig, liebevoll« noch schreiben konnte, ohne als blutleerer Moralist oder gar gleich als Spinner abgetan zu werden.

Und weil das schwärmerische Poesiealbum mir die nüchterne Realität von heute ins Bewusstsein rückte. Wir sind keine stillen Veilchen im Moos, aber dass wir deshalb schon wunderschöne edle Rosen sind, das will mir doch hoffentlich auch keiner erzählen. Nein, wir haben die Mitte verloren – und sind alle Suchende. Und das Poesiealbum für unsere Generation muss erst noch geschrieben werden.

»Herr Doktor, ich lasse meine Frau in der Klinik, aber ich will sie wiederhaben!«

Lieber Herr Doktor, ich gehe jetzt und lasse meine Frau bei Ihnen in der Klinik zurück. Ich winke ihr im Korridor noch einmal zu. Sie nickt kurz, sie ist matt und müde. Ihr Blick wendet sich dann abrupt ab. Wir haben uns doch alles gesagt, sagt dieser Blick. Nimm es nicht so schwer.

So sind die Frauen: Sie wird morgen früh operiert, aber sie tröstet mich, der ich nach Hause gehen kann. Sie hat die Schmerzen – und wünscht mir, »sei bloß nicht traurig, es wird schon alles werden«.

Sie sagt »Es wird schon alles werden« und nicht »Es wird schon alles gut«. Sie hat also auch das Gefühl, dass uns diesmal das Schicksal einen härteren Brocken in den Weg gelegt hat.

Herr Doktor, ohnmächtig wie jetzt habe ich mich schon lange nicht mehr gefühlt! Meine Frau in Ihrer Hand. Ich machtlos. Operation morgen sieben Uhr. Ich warte ab neun auf den Anruf aus der Klinik. Zwei Stunden Zitterpartie.

Wissen Sie, was ich auf der Heimfahrt in die trostlos leere Wohnung gedacht habe? Dass das ganze Gerede von der »Partnerschaft« zwischen Arzt und Patient plötzlich nichts anderes ist als eine Floskel. Gut für Funktionäre. Für Leitartikel in Zeitungen. In Prospekten der Krankenkassen.

Die Wahrheit ist: Die Gewichte auf der Waage des Lebens verschieben sich, in dieser Situation ist der Arzt der König, der Patient ihm anheim gegeben. Und ich als Angehöriger bin es auch.

Sie haben mir einmal gesagt, »Operieren sei auch nur ein Handwerk«. Damit wollten Sie Ihre Leistung herunterspielen. Die Bescheidenheit ehrt Sie. Aber ich weiß: Ein falscher Schnitt, der eine lebenswichtige Nervenbahn zerstört, und das Leben meiner Frau wird zur endlosen Qual.

Gleichwohl, wir vertrauen Ihnen hundertprozentig, Herr Doktor! Das gibt es im Zusammenleben der Menschen heute nur höchst selten: hundertprozentig! Da gibt es keine Ausflüchte. Und die Formulare »Sie sind damit einverstanden, dass…«, die wir vor der Operation unterschrieben haben, bedeuten nichts. Wir unterschreiben in unserer totalen Hilflosigkeit alles.

Ich glaube seit meiner Kindheit an die Magie guter Ärzte. Meine Mutter lag 1936 in Berlin mit schweren Nierenkoliken in ihrem Zimmer. Ihre Schreie hörte ich schon von weit her, als ich aus der Schule kam. Unvergessen diese Schmerzensschreie, deren Hallton man noch nach Jahrzehnten hört.

Damals huschte plötzlich ein kleiner Herr in unser Haus, Sekunden später Stille – es war wie Zauberei! Der Arzt trug meine Mutter zusammen mit einem Chauffeur in sein Auto. Später erfuhr ich, ein berühmter Professor mit Namen Sauerbruch, ein Freund meines Vaters, hatte meine Mutter sofort mitgenommen. Er hatte nicht gesagt: »Da schicken wir einen Krankenwagen vorbei«, nein, er nahm sie sofort mit, operierte sie, sofort – seither ist mein Glaube an die Macht der Ärzte tief verwurzelt.

Lieber Herr Doktor, ich gehe fort und lasse meine Frau bei Ihnen. Aber: Ich will sie wiederhaben. Ich wünsche mir, dass Ihr Skalpell, mit sicherer Hand geführt, ihr Heilung bringt. Nicht nur meine Frau legt ihr Schicksal in Ihre Hände, auch meines ist dort. Ihre Verantwortung ist riesenriesengroß.

Darum verstehe ich überhaupt nicht, dass Ärzte immer noch von bürokratischen Monstern in Papierkriege verwickelt werden, in Formularen ersticken, in Kliniken als junge Mediziner ausgepresst werden wie Zitronen – und dass man auf diese Weise das zerstört, was der berühmte Arzt aus der Berliner Charité das Letzte und Schönste und Größte an den Beziehungen von Mensch zu Mensch, das »Königliche« genannt hat.

Am Strand von Florida: »Hier finden Sie das Paradies auch nicht«

Sind wir nicht alle gefangen in dem Wunsch, das Glücksrezept anderer Menschen zu erfahren, einzudringen in das Geheimnis eines fremden Lebens, das besser zu laufen scheint als das eigene – daran dachte ich, als ich jetzt in Florida, am Strand von Anna Maria Island nahe Sarasota, eine wundersame Begegnung hatte, auf einem kilometerlangen, fast menschenleeren blendend weißen Sandteppich.

Eine Stunde war ich schon gelaufen, unter meinen Schritten knirschten vom Wellenschlag zerborstene Muscheln, der Wind frischte auf, in wenigen Minuten wird die Sonne versinken, die den ganzen Tag über wie ein Kraftwerk über dem »sunshine state« zuverlässig gearbeitet hat.

Und die junge Frau, so um die vierzig, hockte immer noch wie eine Statue im Sand, als ich zum Bootssteg zurückkehrte – die Augen geschlossen, die Hände geöffnet und dem Wasser zugewandt, als wollte sie die Kräfte des Meeres wie über eine Antenne in ihren Körper leiten.

Was hat dieser total in sich versunkene Mensch, was du nicht hast, wintermüder, schrödermüder, christiansenmüder Großstädter, nervös, ausgepowert von deutscher Politik und Geschäftigkeit – so fragte ich mich insgeheim, während der glutrote Sonnenball sich auf die messerscharfe Kante des Horizonts setzte, einige Sekunden balancierte, als fiele es ihm schwer, die Erde zu verlassen, um dann doch unterzutauchen.

Solch einen phantastischen Sonnenuntergang hatte ich, selbst wenn ich an die spektakulärsten zurückdenke, seit Ewigkeiten nicht gesehen, nicht in Jerusalem, wo die Sonne golden über dem Felsendom glänzte und ein überirdisches Licht zauberte, nicht in Bangkok, wo sie sich gelbgrünblau in Tempel-Spiegeln darbot, auch nicht auf Sylt, wo sie sich aus einem pastellmatten Himmel eher müde verabschiedete, als wollte sie sagen: »Mehr Sonnenzauber gibt's hier oben im Norden leider nicht.«

Das war auch genau der Moment, da sich die einsame Frau am Strand aus ihrer Selbstvergessenheit löste und mir zulächelte: »In Gottes kosmischem Drama war dies eine besonders gelungene Vorstellung, finden Sie nicht auch? Selbst hier in Florida ist so ein phantastischer Sun-down selten.« Und dann, nach einer Pause: »Sind Sie Engländer? Deutscher?«

»Deutscher.«

»Armes Mensch, immer nur Arbeit. Sie zahlen

sicher drauf – mit Seele.« Sie sprach ein wunderbar gebrochenes Deutsch.

»Ich suche das Paradies, für ein paar Tage wenigstens, und das scheint man hier zu finden, wenn ich Sie hier so sitzen sehe, zufrieden und wohl auch glücklich.«

»Irrtum, junger Freund«, sagte sie nun, was mir angesichts des Altersunterschiedes schmeichelte, »das Paradies finden Sie nur in sich selber. Da müssen Sie schon mal eine Stunde in sich hineinhorchen, wie ich es eben getan habe – und nicht so wie Sie hin- und herlaufen, als wäre der Teufel hinter Ihnen her.«

Was dann folgte, war das ganze Alphabet all jener Prediger, die uns die Reise unserer Seele nach innen empfehlen – Meditation, Fasten, geistige Ekstase – »Probieren Sie es aus, Sie werden ein neuer Mensch.«

»Ich will aber der alte Mensch bleiben, nur etwas besser«, antwortete ich, und im Übrigen hätte ich längst die Wahrheit der Weisheit erfahren, die von Henry Miller stammt: »Leben ist, was uns zustößt, während wir uns etwas ganz anderes vorgenommen haben.«

Nun lachte die junge Frau schallend gegen den Wind: »Na, dann viel Glück«, sprang auf und lief davon.

Und ich? Ich dachte plötzlich daran, dass ich jetzt noch sofort den Miami Airport anrufen muss, ob der Rückflug klappt. Etwas ganz Banales. Und: dass eigentlich jeder sein eigenes kleines Paradies schon in sich hat, er kann zwar auf dem Globus herumschnuppern, wie es andere Menschen machen, um gesund, stark, glücklich und voller Seelenfrieden zu sein oder zu werden, aber das war's dann auch. Die Sonne von Florida hat diese uralte Weisheit für mich wieder einmal an den Tag gebracht – auch wenn sie gerade glühend unterging.

Bei echten Freunden darf es keine Geheimnistuerei geben

Sie sagte, es ginge ihr gut. Ich fragte noch mal nach, weil ihre Stimme leise klang: »Geht es dir wirklich gut?« – »Ja«, sagte sie, »es geht mir gut, was soll ich dir sonst sagen, es ist alles in Ordnung.«

Die Sätze kamen ruhig daher, sie wirkten zwar ein bisschen wie gestanzt, aber so antwortet man halt, wenn man gefragt wird nach dem Befinden und eigentlich nichts sagen will, nichts, was darüber hinausgeht und ins Zentrum der Wahrheit führt.

Denn da gibt es eine Schweigemauer – und dahinter ist das eigene Leben, auch das meiner Freundin jetzt am Telefon –, aber geheimnisvollerweise spürte ich, ob dieses »Es ist alles in Ordnung« auch wirklich in Ordnung ist. Ich spürte es einfach und ich kann nicht sagen, warum. Es gibt wohl so einen inneren Radar, der das meldet.

Deshalb sagte ich nun doch noch: »Ich höre immer gern die Wahrheit ...« Und irgendwie muss dieses Schlüsselwort »Wahrheit« so gewirkt haben, dass sich ihre Seele öffnete, denn nun sprudelte sie los: Nein, es ginge ihr leider nicht so gut, der Arzt hätte etwas festgestellt, mehr möchte sie nicht sagen, aber dies doch wenigstens. Und ich würde es ja vielleicht doch merken, wenn wir uns übermorgen zum Essen treffen.

»Dabei bleibt es doch?«, fragte sie nun, etwas zögernd, als befürchte sie, ich könnte unter dem Eindruck ihrer Worte einen Rückzieher machen, hat sie nicht oft genug davon gehört und gelesen, dass Krankheit die Menschen einsam machte?

Ja, sie sei etwas spitz um die Nase, gab sie nun zu, und als ich fragte, warum sie über ihren Zustand mit niemandem sprechen wollte: »Es ist ganz einfach, ich will niemandem zur Last fallen, weder tatsächlich noch seelisch.«

Jetzt gab es eine Pause. »Was für die Amerikaner der 11. September war, das war für mich der 2. Dezember, als ich vom Röntgen kam«, berichtete sie nun doch, als sie über die Diagnose sprach, die für sie wie aus heiterem Himmel kam und die sie mit voller Wucht traf. »Ehrlich gesagt, es war niederschmetternd.«

»Ich hab' schon am Telefon gemerkt, dass etwas anders ist«, sagte ich nun, um sie zu trösten und in dem Gefühl zu bestärken, sich in einer solchen schwierigen Situation nicht hinter Worthülsen zu verstecken.

»Meinst du, ich sollte allen meinen Bekannten erzählen, wie es mir wirklich geht?«

»Bekannten? Weiß ich nicht. Deinen Freunden aber musst du es sagen. Ich habe einmal in einer ähnlichen Situation eine Operation verschwiegen, was meinst du, wie sehr meine Freunde enttäuscht waren, von Geheimnistuerei war die Rede, von Misstrauen gar.«

»Alles schön und gut. Aber kann es nicht auch ein Zeichen von Freundschaft sein, einen Freund von unangenehmen Nachrichten zu verschonen. Schließlich wird er ja, ob gewollt oder ungewollt, zum Mitleiden gezwungen, und Mitleid ist nun sicher auch einer ehrlich empfundenen Freundschaft nicht gerade sehr zuträglich.«

»Mitleid ist die letzte Weihe der Liebe, vielleicht die Liebe selbst – immerhin eine Erkenntnis von Heinrich Heine. Mit anderen Worten: Davon ein Prise, das kann doch auch so falsch nicht sein.«

»Darüber muss ich erst mal nachdenken, mein Lieber. Dazu kann ich auf Anhieb nichts sagen. Aber vielleicht in ein paar Wochen. Wenn ich mehr Erfahrungen hinter mir – und sie innerlich verarbeitet habe.«

»Haben Sie in Ihren jungen Jahren eigentlich schon Angst vor dem Alter?«

Niemals käme ich auf die Idee, einen jungen Mann, der das Leben mit beiden Händen umgreift, der ein Kind zu Hause hat und eine wunderbare Frau, und der in seinem Beruf die totale Erfüllung findet, wie man so sagt – also: niemals käme ich auf die Idee, einen solchen Mann bei einem abendlichen Small-Talk ausgerechnet mit der Frage herauszufordern: »Haben Sie in Ihren jungen Jahren eigentlich schon Angst vor dem Alter, gar vor dem Tod?«

Aber diesmal war die Situation außergewöhnlich, und so erhielt ich auf meine ebenso dreiste wie indiskrete Frage eine ebenso außergewöhnliche Antwort.

Denn es geschah nach einer Dichterlesung. Die Autorin des Buches »Sieh da, das Alter – Tagebuch einer Annäherung« hatte von ihrer Beobachtung berichtet, wonach das Alter für sie bis vor kurzem ein »entlegener Bezirk« war, in den eines Tages Eltern, Verwandte und Freunde hinübersiedelten: »Wir Jüngeren hörten zwar ihre Rufe und Nachrichten, ohne dass wir allerdings darauf so recht zu antworten wussten.«

»Für Sie mit Ihren jungen Jahren ist das Alter doch sicher immer noch ein sehr weit entlegener Bezirk«, sagte ich beim anschließenden Zusammensein zu einem etwa 35-jährigen Mann – und erntete zu meinem Erstaunen ein heftiges Kopfschütteln.

»Sie werden es nicht glauben, aber ich wurde gerade heute erstmals mit dieser Frage ernsthaft konfrontiert«, sagte er und erzählte, wie er seinem fünfjährigen Sohn beim morgendlichen »Knuddeln« im Bett zuflüsterte: »Bleib, wie du bist, am schönsten wäre es, du würdest überhaupt nicht mehr größer werden.« Womit er sagen wollte: Augenblick, verweile doch, die Kindheit geht so schnell vorüber.

Und genau in diese zärtlichen Minuten hinein gab es dann die Sekunde der Wahrheit. »Denn mein Sohn sagte zu mir etwas, was ich zuvor noch nie gehört hatte – aber er sagte es so liebevoll, dass ich ihm nicht böse sein konnte. »Du kannst mich nicht immer haben, Papi, denn eines Tages werde ich selbst Kinder haben – und du bist dann nicht mehr da.«

Hatte der Fünfjährige den 35-Jährigen in der Sicht des Lebens überholt? Wie auch immer, der junge Vater war nach diesem Schock am Morgen für die Dichterlesung am Abend über das Alter, diesen »entlegenen Bezirk«, an den er bisher nie gedacht hatte, gut gewappnet.

»Mein Sohn hatte mir mit dieser einen unschuldigen Bemerkung total die Augen geöffnet, mit einem einzigen Satz, kaum zu glauben. Aber wie heißt es so schön: Kinder und Narren sagen die Wahrheit.«

Ja, es war für den jungen Mann ein süß-trauriger Moment, den er gleichwohl nicht missen möchte: »Ich weiß, ich werde von heute an bewusster leben. Das Leichtfüßige ist dahin. Man muss wohl eines Tages mit der Nase auf die wirklich wichtigen Erkenntnisse gestoßen werden, und das Wissen um das Altwerden und das Ende des Lebens gehört dazu.«

»Euer Gnaden sind zwar noch nicht ganz über die Jugend weg, aber Sie haben doch schon einen kleinen Beigeschmack vom Alter, eine Würzung vom Salze der Zeit«, lässt Shakespeare einen seiner Bühnenhelden in »Heinrich VI.« sagen – was für eine feinsinnig formulierte Lebenserfahrung!

Denn wir haben es alle selbst schon erlebt, dass uns bei besonderen Anlässen diese Würzung verabreicht wird: Wenn wir verzweifelt in einem Krankenbett liegen, wenn der Tod einen lieben Menschen aus unserer Mitte reißt, wenn wir aus heiterem Himmel plötzlich eine Kündigung in die Hand gedrückt bekommen, wenn ein Buch uns aus alltäglicher Denkroutine reißt und mit der Sinnfrage überfällt. Oder eben beim zärtlichen Zusammensein mit dem eigenen Kind, wenn dieses plötzlich ganz unschuldig in die Zukunft blickt und sagt: »… und du bist dann nicht mehr da, Papi.«

Wahrlich, das will verkraftet sein!

Wir verstehen das Leben nicht, wie sollten wir dann das Wesen des Todes erfassen?

Nun hat der Tod es doch wieder geschafft: Er hat Einzug gehalten in unsere alltäglichen Gedanken. Wir haben ihm den Wagenschlag geöffnet, den roten Teppich in den Medien ausgerollt. Er droht uns, den Kindern der so genannten »Spaßgesellschaft«: Ihr habt mich hochmütig aus euren Gedanken verdrängt, aber nun seht ihr, dass es euch nichts genützt hat.

Die Maske, die er für seinen Auftritt in unserem öffentlichen Leben wählte, ist die Maske des Terrors. Er kommt aus dem Hinterhalt und er kann überall zuschlagen. »Warum soll ich Scharm-el-Scheich verlassen, da ich doch in London auch nicht sicher bin?«, klagte verzweifelt eine junge Engländerin, die die Sonne Ägyptens suchte und die nun im Schatten der Pharaonengräber unvorbereitet mit der Kernfrage jeder menschlichen Existenz konfrontiert wird, die auf sein Ende zielt.

Bisher haben wir den Tod in die Kulissen verbannt, tobten auf der Bühne herum. Das Leben erschien uns als Endlosschleife. »Man ist ja so jung ...« Und auch die Älteren, die schon das gegenüberliegende »Todesufer« sehen, von dem Schiller spricht, konnten im Lebensgefühl der Fun-Gesellschaft leicht und beschwingt mitschwimmen.

Und jetzt? Aus und vorbei! Der Blick in das finstere Gesicht eines finsteren Mannes mit einem Rucksack in der U-Bahn kann genügen, und schon schießt die Angst wie eine Fiebersäule in den Körper. Das geschieht heute millionenfach, täglich, stündlich – in New York, Moskau, Madrid, Rom, Berlin ...

»Die Todesgefahr verpestet alle Gedanken«, schrieb der französische Dichter und Nobelpreisträger Romain Rolland, und er fügte hinzu: »Der Mensch kann nicht jahrelang, ohne Schaden zu nehmen, auf einer Degenklinge balancieren, die ›Siegen oder Sterben‹ heißt.«

Genau so aber wird es leider sein: Wir nehmen Schaden an unserer Seele, vielleicht sogar ohne es zu merken.

Misstrauen und Angst mischen sich mit jenem Gefühl, das wir erfolgsgewohnten Menschen besonders schwer ertragen können: dem Gefühl der Ohnmacht. Wir können zu den Sternen greifen, Kometen erobern, aber die tickende Bombe in einer Diskothek oder am Gürtel eines Attentäters können wir nicht entdecken. Menschliche Macht und Größe und menschliche Ohnmacht und Hilflosigkeit sind so dicht beieinander wie noch nie, eine schmerzhafte neue Erfahrung.

Spätestens seit dem 11. September 2001, als sich Terror-Flugzeuge in die Twin-Towers von Manhattan bohrten, wissen wir, »dass die Welt nie mehr so sein wird, wie sie einmal war«.

An jenem Tag schrieb ich, ebenfalls im Gefühl der Ohnmacht, ein »Gebet für Amerika«, das mit der Frage endet: »Gott, sag uns, wo das Böse wohnt, das uns aus dem Frieden reißt und hämisch aus dem Hinterhalt über unseren Tränen thront. Gott, sag uns, wie wir unseren Augen, die eine solche Apokalypse nie geschaut, in Zukunft trauen können, geblendet, wie sie heute sind. Gott, sag uns, ob dies der Anfang ist von einer neuen Erde voller Blut, wo wir doch deine Kinder sind. Gott, sag es uns. Gott, sag es uns.«

Vielleicht sind all diese Fragen, die mit der Tiefenwirkung des Terrors in unseren Seelen zusammenhängen, doch schon vor mehr als zweitausend Jahren beantwortet worden, als es noch keine Medien gab, die uns mit blutigen Bildern das Elend dieser Erde tagtäglich vor Augen stellen. Ich denke an den chinesischen Philosophen Konfuzius, der sich mit dem folgenden Satz in das Buch der Weisheit eingetragen hat: »Wir verstehen das Leben nicht – wie sollen wir dann das Wesen des Todes erfassen?«

Ja, der Tod hat mit den Anschlägen wieder Einzug gehalten in unseren Alltag und in unsere Gedanken. So wie wir über den Sinn und Unsinn unserer Raserei plötzlich nachdenken, wenn wir im Schritttempo auf der Autobahn an einer Unglücksstelle vorbeigeleitet werden – um dann nach wenigen Minuten wieder weiterzupreschen –, genauso verhält es sich mit den Bildern des Terrors, die über die Medien zu uns kommen: Wir spüren, dass wir gefährdet sind – im Bus, im Urlaubshotel, im Flughafen – und dass wir doch weitermachen müssen, als sei nichts geschehen.

Und so bleibt nur eine Frage, die noch auf Antwort wartet: Werden wir angesichts der terroristischen Unmenschlichkeit wenigstens im Umgang menschlicher untereinander, also hilfsbereiter, verständnisvoller, liebevoller? Oder kapseln wir uns ein, voller Verachtung für eine Welt, in der dieser Terror möglich wurde?

Bitte nicht drängeln – Vierzig ist nur eine Sprosse auf der Lebensleiter

Nicht so drängeln, junger Mann, Sie kommen auch noch an die Reihe! Immer ganz ruhig bleiben. Der Alte, der vor Ihnen steht »und nicht wanken und weichen will«, wird irgendwann schon zur Seite treten. Sie müssen ihn nicht schubsen, dass er fällt. Auf der Lebensleiter gibt es viele Sprossen.

Sie sagten mir, Sie würden in Kürze vierzig, bis dahin müssten alle Trümpfe auf den Tisch, müsse das Rennen gelaufen sein. Von »Weichenstellung« sprachen Sie – und von »der letzten Chance«, in der Firma nach oben zu kommen, »nach ganz oben«, wie Sie sich ausdrückten, was immer das bedeuten mag.

Kollegen verrieten mir, dass Sie den Alten am liebsten wegmobben möchten, auch wenn Sie es in Wahrheit natürlich niemals tun würden. Aber schon der Gedanke, lieber Freund, ist wie ein Gift, das sich in Ihnen ausbreitet. Und eines Tages wird diese zerstörerische Gedankenspielerei für Sie verheerende Folgen haben.

Woher ich das weiß? Weil ich mindestens ein Dutzend Fälle aus nächster Nähe beobachtet habe, in denen 40-Jährige – ein paar Jahre rauf oder runter spielen keine große Rolle – gleich einem Stern am Karrierehimmel funkelten – um dann plötzlich jäh zu verglühen.

Keine Frage: Vierzig ist kein so goldenes Alter, wie es erscheint, da man doch in diesen Jahren glaubt, dass die Erfahrung schon gelebten Lebens sich mit der Hoffnung verbindet, noch ein paar schöne Jahrzehnte vor sich zu haben.

Der Zufall spielte mir einen Text in die Hände, den der weltberühmte Erich Maria Remarque schrieb, und zwar genau am Abend seines 40. Geburtstages – es war in Ronco unter einem heiteren Himmel. Der Kalender zeigte den 22. Juni 1938 – fünf Jahre zuvor war sein Weltbestseller »Im Westen nichts Neues« von den Nazis auf Scheiterhaufen öffentlich verbrannt worden – und Remarque auf der Flucht über die Schweiz in die USA.

Der Schriftsteller, der mit seinem Roman das Tabu vom Heldentod gebrochen hatte, da er aufzeigte, dass für die toten Soldaten Siege oder Niederlagen der Völker im Krieg völlig gleichgültig sind, fotografierte die Räume seiner Villa, hörte Musik vom Grammophon, beobachtete eine spielende graue Katze, sah die sommerliche Blumenpracht und wurde dann plötzlich von der großen Sinnfrage überwältigt: Was tue ich eigentlich zwischen alledem?

Und dann, schmerzhafter noch, überfiel ihn das beklemmende Gefühl, als wäre das alles das letzte Mal: der Sommer, das Haus, der Friede, das Glück, Europa, das Leben vielleicht.

Wir sehen: Auch große und größte Erfolge in einer Biografie vermögen nicht die Melancholie zu verdrängen, die sich einer sensiblen Seele bemächtigt – wenn Umstände eintreten, die man selbst nicht steuern kann, in diesem Fall war es das Heraufdämmern des Zweiten Weltkrieges 1939.

Remarque, um das am Schluss zu sagen, lebte nach seinem schwermütigen 40. Geburtstagsabend noch drei Jahrzehnte, womit ich sagen will: Auch Sie, lieber Freund, sollten sich verabschieden von der Idee, vierzig sei irgendwie ein schicksalhaftes Datum.

Nein, vierzig ist nur eine Sprosse auf der Lebensleiter. Schubsen Sie also niemanden weg, der vor Ihnen ist, treten Sie nicht nach unten, weil einer von dort nachdrängelt – bleiben Sie am Geburtstag nur einen Moment stehen, atmen Sie tief durch und genießen Sie, ein Alter erreicht zu haben, das beispielsweise einem Genie wie Wolfgang Amadeus Mozart nicht mehr vergönnt gewesen ist.

Und vergessen Sie den aktuell diskutierten so genannten »Krieg der Generationen«, bei dem es wie in jedem »richtigen« Krieg für niemanden etwas zu gewinnen gibt.

Eine unvergessliche Begegnung, nur weil einer plötzlich die Wahrheit sagte

Intercity Hamburg – Berlin. Im Abteil sitzen zwei Herren. Ich habe reserviert. Nehme Platz, obwohl im Nachbarabteil alle Sitze frei sind. Ich reise lieber allein als mit anderen. Die anderen sind Fremde, und Fremde sind mir erst einmal fremd.

Aber irgendwie geniere ich mich, den einen Schritt zurückzutreten und das mit den zwei Herren besetzte Abteil wieder zu verlassen. Ich weiß auch nicht, warum. Vielleicht, weil es als Affront gewertet werden könnte? Vielleicht? Ja, verdammt noch mal, ich weiß wirklich nicht, warum ich mir dies antue: In einem halbvollen Abteil zu sitzen statt in einem leeren, was mir viel lieber wäre.

Nach zehn Minuten: Der Herr zu meiner Linken fragt, ob er einen Blick in meine Zeitung werfen dürfe. »Natürlich«, sage ich. Was soll man sagen, wenn jemand so höflich um etwas bittet? Ich habe doch schon Rüpel erlebt, die meine Zeitung einfach ergriffen haben mit der flapsigen Bemerkung: »Sie haben doch sicher nichts dagegen.«

Der Ton macht bekanntlich die Musik. In diesem Fall, in diesem Abteil mit den zwei unbekannten Mitreisenden, war es so, dass sich – von einem Zeitungsbericht über die trostlose Berliner Politik ausgehend – langsam ein Gespräch in Gang setzte. Über Gott und die Welt, wie man so sagt.

Oscar Wilde, wäre er Ohrenzeuge in unserem Abteil, hätte seine Freude an uns gehabt, hat er doch über die Kunst des Gesprächs das Bonmot in die Welt gesetzt: Alles zu berühren und sich in nichts zu vertiefen, das sei das Geheimnis eines gelungenen Gesprächs.

Ja, unser Gespräch hätte Oscar gefallen! »Also wissen Sie, der Schröder, dieser politische Verwandlungskünstler …« – »Ich war bei der Moma, ich fliege nächste Woche nach New York, will Berlin mit New York vergleichen, man muss ja à jour bleiben, verstehen Sie?« – »Ich schreibe Weihnachten keine Karten mehr, spende mein Geld für die Kirche, ist doch sinnvoller …« »Wie schamlos sich die Weiber heute kleiden, also ich weiß nicht, wenn ich da an die Frauen meiner Generation denke …«

Brioni, Moma, schamlos, die Vokabeln wirbeln durchs Abteil. Immer der Oberfläche entlang. Bloß kein Thema vertiefen! Bis dann doch der Augenblick kam, da einer der beiden Herren mit dem Satz »Ich hoffe, ich treffe meine Frau noch lebend an« über die plötzliche schwere Erkrankung seiner Frau sprach.

Als habe er vergessen, wo er redet – in einem Intercity! – und zu wem – zu zwei Fremden! – und worüber – über das Privateste, was es unter der Sonne gibt! –, schüttet er vor uns sein Herz aus und gibt keine Ruhe und schont uns nicht und auch nicht sich selbst.

Und plötzlich ist unter uns dreien eine Vertraulichkeit, die man sich sonst im Leben wünschte, die man nicht planen, nicht organisieren kann. Oscar Wilde hätte in diesem Moment, da das Gespräch in das Schicksalhafte vorstieß, sicher das Abteil verlassen …

Bei mir aber stellte sich eine andere Wirkung ein: Ich dachte plötzlich über die Brüchigkeit des Lebens nach, über die Gnade, wenn das Leben sich freundlich und glücklich und vor allem: schmerzlos gestaltet. Ja, ich machte wieder einmal die wunderbare Erfahrung, dass man erst in der Begegnung mit anderen sein eigenes Leben richtig einordnen und bewerten kann.

Ein Blick aus dem Fenster: Das Häusermeer von Berlin erscheint.

Die Durchsage kommt: Nur noch wenige Minuten bis zum Bahnhof Berlin-Zoo. Wir drei greifen zu unseren Taschen, Mänteln. »Dank für die Zeitung«, sagt der Fremde. Der mit der kranken Frau.

Sie blieben unvollendet, unsere Gespräche. Wir haben die Sätze hin- und hergeschoben wie Bauklötze. Niemand wollte den anderen überzeugen. Keiner das letzte Wort haben. Keiner sich an seinem Wort festkrallen.

Es kommt auf den Blickwinkel an, dachte ich auf dem Weg zum Ku'Damm. Und erinnerte mich an die kleine Geschichte, die ebenfalls in einem Zug spielt: »Ist es nicht verrückt«, sagt der erste von drei Geschäftsleuten, »wie schnell die Landschaft an uns vorbeirast.« »Nein«, sagt der zweite, »das ist nicht die Landschaft. Die Landschaft steht ganz still. Wir sind es, wir rasen an der Landschaft vorbei.« – »Nein«, sagt der dritte, »das sind nicht wir. Wir sitzen ganz still. – Der Zug ist es. Der Zug rast an der Landschaft vorbei.«

So war es auch bei uns dreien gewesen. Jeder hatte Recht, jeder hatte nicht Recht, solange unsere Gespräche nur die Oberfläche streiften. Erst als einer aus der Runde von seiner erkrankten Frau sprach, trat mit aller Macht die Wahrheit des Lebens in die Tür, und es war erst diese Wahrheit, die die Zug-Begegnung für mich unvergesslich machte …

»Schämen Sie sich nicht, wenn Sie einmal vor Scham erröten!«

Liebe Freundin, ich kann Ihre Wut verstehen, mit der Sie gestern am Telefon beklagten, dass die Schamlosen in unserer Gesellschaft »das Zepter schwingen«, wie Sie sich ausdrückten. Und leider kann ich Sie keinesfalls beruhigen: Ich glaube, wir haben den Gipfel der Schamlosigkeit in Deutschland noch lange nicht erklommen.

Aber wir sind auf dem Weg. Und die Helfer stehen überall bereit. Da ist in erster Linie das Fernsehen, das »die Helden« einer Show in gleißendes Licht taucht, die behaupten, sie wollten mit ihrem Umzug in ein Dschungellager »ihre eignen Grenzen testen«. In Wahrheit testen sie nur die Grenzen dessen, was sie dem Publikum mit Käferfressen und anderem Unappetitlichen zumuten können.

Und siehe da: Frechheit siegt! Über sieben Millionen lassen sich einfangen. Die Schamlosen punkten, weil sie keinen Widerstand finden. Würde keiner zuschauen, läge ein »Superstar« aus der Retorte nicht mit Kakerlaken im Sarg. Es ist also, liebe Freundin, ein Wechselspiel: Die

Schamlosen können nur so lange so schamlos sein, wie wir es ihnen gestatten.

Das Gefühl der Scham ist dem Menschen vom lieben Gott eingepflanzt worden, zum gegenseitigen Schutz vor Grobheiten und Verletzungen. Und wenn wir einmal – und sei es nur aus Versehen – gegen Normen und Wertvorstellungen verstoßen haben, dann geschieht etwas wunderbar Befreiendes: Wir erröten. Wir schlagen vor Scham die Augen nieder. Wir möchten in Scham versinken.

Und im privaten Raum funktioniert dieses Schamgefühl im Allgemeinen ja auch noch ganz gut. Wir schämen uns, wenn wir einem Freund Unrecht getan haben, wir rufen ihn an, entschuldigen uns, bitten um Verzeihung – wir suchen den Pfad, der uns zu unserem eigenen Seelenfrieden zurückführt.

Ganz anders im öffentlichen Raum: Da ist die Schamlosigkeit, der hässliche Bruder der Scham, munter unterwegs. Da gibt es eine Selbstbedienungsmentalität, die kriminelle Züge trägt. Da greifen Politiker in die Diätenkasse, schieben sich wechselseitig Pfründe zu, kutschieren auf Staatskosten durch die Weltgeschichte – und lassen den Bürger ohnmächtig staunend am Wege stehen.

Aber dieser Bürger ist nicht so ohnmächtig, wie er vielleicht denkt. Er kann sich der Zumutungen der Schamlosen erwehren. Er muss beispielsweise nicht ein aktuelles Theaterstück besuchen, für das der Regisseur ältere »Frauen über sechzig« per Inserat gesucht hat, die bereit sind, in einem provokanten Stück nackt an ratternden Nähmaschinen zu sitzen – noch dazu in einer Kirche, was dem Stück einen zusätzlichen »Thrill« verpassen soll.

»Es gibt nicht nur eine leibliche, sondern auch eine geistige Schamhaftigkeit, die wir zu achten haben«, schrieb Albert Schweitzer – einen besseren Kronzeugen für diese Erkenntnis gibt es nicht –, und er fährt fort: »Auch die Seele hat ihre Hüllen, deren man sie nicht entkleiden soll.«

Aber wer ist schon Albert Schweitzer, der Urwalddoktor, wenn wir heute doch in einer Zeit leben, in der wir Sudel-TV in einem Urwaldcamp bevorzugen und von moralischen Fingerzeigen eigentlich nichts wissen wollen.

Und doch glaube ich, dass die Schamlosen auf Dauer nicht die Glücklichen werden, als die sie heute in verblendeter Sicht erscheinen.

Mit anderen Worten, liebe Freundin, schämen Sie sich nicht, wenn Sie einmal vor Scham erröten, denn das wissen Sie: Sie sind in Ihrem Kern noch unversehrt.

Der größte Irrtum: Zu denken, wir »haben« noch Zeit

Vielleicht lag es an dieser Wintermüdigkeit: Mein bester Freund klagte plötzlich über eine leichte Depression, denn ihm sei bei den Reportagen über die so genannten Reichen und Schönen, die von einem Event zum nächsten jetten, eines klar geworden: dass er selbst ein »kleines Leben« führt, klein und im Grunde bedeutungslos.

Was denn in seinen Augen ein »großes Leben« sei, fragte ich zurück, und er fing an zu stottern: vielleicht ein Leben als Politiker, der »etwas bewegt«; als Dichter oder Dramatiker, der mit seinen Werken Menschen aufrüttelt; als Komponist, der der Menschheit »unvergängliche« Melodien schenkt – ja das könnte es sein, das wäre wohl ein »großes Leben«.

Aber sein unscheinbares »kleines Leben«, zermahlen im Alltag mit Nachbarschaftsärger, Streit mit Bürokraten, der Schwierigkeit, seinen Kindern Werte wie Pflichtgefühl, Pünktlichkeit, Zuverlässigkeit zu vermitteln, das würde wohl nicht viel hermachen.

»Einspruch, Euer Gnaden«, fiel ich ihm ins Wort, erinnerte ihn daran, dass er als Arzt den

Menschen das Glück der Abwesenheit von Schmerzen schenkt – wer je schmerzgekrümmt in seiner Praxis landet und dort erlöst wird, könne seine pessimistische Einschätzung des eigenen Lebens sicher nicht nachvollziehen.

Aber seine musische Begabung, das Malen und Zeichnen, die ihm seine Mutter mit auf den Lebensweg gegeben habe, die könne er nicht ausleben – »und das macht mich unglücklich«.

Vermutlich sei sein größter Fehler, dass er glaubt, später alles nachholen zu können. »Das Wort ›später‹ will ich aus meinem Sprachschatz streichen, das habe ich mir geschworen«, sagte er trotzig.

Ich beglückwünschte ihn. Der größte Irrtum des Menschen sei es in der Tat, dass er denkt, was wir alle denken: Wir »haben« ja noch Zeit. Dieses trügerische Gefühl aber, noch Zeit zu »haben«, als ob es sich um eine Sache handelt, die wie ein Batzen Geld in einem Tresor verschlossen auf uns wartet, ist irrsinnig.

Die Wahrheit ist unerbittlich und eine andere: Zeit ist der flüchtigste Stoff in unserem Leben. Zeit kann man nicht festhalten, nicht hin- und herschieben, nicht kaufen, nicht verschachern, nicht kommandieren, nicht gewinnen – höchstens verlieren.

Die Zeit ist immer »jetzt« – und dann vorbei. Die Zukunft reicht immer nur bis zum nächsten

Glockenschlag, sie ist eine große Standuhr, sie rasselt ständig und ruft uns mit gewaltigen Schlägen die eine und einzige Wahrheit zu: »Pfeilschnell ist das Jetzt entflogen, ewig still steht die Vergangenheit« (Schiller).

Ja, er würde unter dem Eindruck unseres Telefonats nun Pinsel und Palette wieder aus dem Keller hervorholen. »Aber das kleine Leben bleibt mir deshalb doch nicht erspart«, sagte er noch. Und dann resignierend: »Ja, wenn man wenigstens viel Geld hätte!«

Auch hier würde er leider irren. Ich hatte soeben eine aktuelle Studie gelesen, wonach die Reichen sich am unsichersten fühlen und von der größten Zukunftsangst geplagt werden – »das wäre doch ein viel zu hoher Preis«.

Mit anderen Worten, lieber Freund: Es ist nicht wichtig, ob man ein »kleines« oder »großes« Leben führt, wichtig ist nur, ob es ein glückliches Leben ist. Der Weg dahin beginnt immer direkt vor den eignen Füßen. Und keinesfalls sollte man auf »später« warten, auf die Zeit, die man niemals »hat«, sondern die immer nur verfliegt und verfliegt und verfliegt …

»Man gewinnt durch Gaben sich Menschen und Götter« – Plädoyer für das Schenken

Liebe Freundin, ich kann nur sagen: Lassen Sie es sein! Sprechen Sie nicht mit Ihren Kindern, Enkeln und auch nicht mit den Freunden über Ihre fatale Idee, ein »Geschenke-Verbot« zu Weihnachten auszuhandeln, eine Art Stillhalte-Abkommen, bei dem sich alle Menschen, die Sie kennen und lieben, wechselseitig verpflichten, auf Geschenke in diesem Jahr erstmals zu verzichten.

Ich weiß: Sie persönlich verzichten damit vor allem auf das, was Sie so gar nicht mögen: die Jagd nach dem ungewöhnlichen Geschenk, das Blättern in dicken Katalogen nach der letzten Chance, doch noch das perfekte Überraschungsgeschenk zu finden.

Da wird dir ein wahrer Geschenkehimmel versprochen, du musst nur den Bestellschein ausfüllen, aber was dir dann geliefert wird, ist doch auch nur wieder ein Toaster oder ein Radio, das auf Druck noch quietschen kann, irgendetwas Verrücktes halt; denn für normale Menschen normale Geschenke auszusuchen, das ist heute nicht mehr normal – originell muss das Geschenk sein.

Seit Jahrtausenden haben kluge Geister über das Schenken nachgedacht, die Geschenke keinesfalls verteufelt, vielmehr euphorisch gepriesen, schon mit der »Liebeskunst« von Ovid ging es los: »Glaube du mir: Man gewinnt durch Gaben sich Menschen und Götter, Jupiter selbst wird geneigt, wenn man ihm Gaben verleiht.«

Dass der Volksmund solche Gedanken plastischer ausdrückt, daran erinnern wir uns natürlich auch: »Einem geschenkten Gaul ...« – oder »Kleine Geschenke erhalten die Freundschaft« – oder »Mit Speck fängt man Mäuse«. Und was die Geldgeschenke angeht, die man »eigentlich« nicht macht, weil sie angeblich stillos sind, da gilt die Devise eines Spaßvogels: »Geldgeschenke sind phantasielos. Vor allem kleine.«

Lauschen wir dem Klang des Wortes »schenken« nach, so fällt mir spontan der Stoßseufzer ein, dass einem im Leben nichts geschenkt wird. Alles muss erkämpft, erstritten werden. Da ist es doch wunderbar, dass wenigstens einmal im Jahr Knecht Ruprecht durch die Tür kommt mit all seinen Gaben – »Von drauß' vom Walde komm ich her, ich muss euch sagen, es weihnachtet sehr« – ein Vers voller Verheißung.

Und dieses Gefühl, zu schenken und beschenkt zu werden, das wollen Sie aus der Welt schaffen, in der es ohnehin oft sehr armselig zugeht? Und das nur, weil es mühevoll ist, darüber nachzudenken, was die Familie und die Freunde noch wirklich erfreuen könnte?

»Wir feiern Weihnachten überhaupt nur noch, weil unsere Enkelkinder kommen«, sagte ein älteres Ehepaar, als wir in einer Kollegenrunde über den Weihnachtssinn diskutierten. Und während man sich über das Fest zerstritt, dachte ich: In einigen Wochen werden all die Weihnachtsmüden im Widerschein der Kerzen doch wieder nach den Bildern ihrer eigenen Kindheit suchen; sie werden »Stille Nacht« vielleicht nicht mehr singen, schon gar nicht die zweite oder dritte Strophe, aber sie werden das Lied hören wollen; und sie werden sich über liebevoll verpackte Geschenke natürlich freuen.

Denn wir alle brauchen den Schutz, den das weihnachtliche Geschenk-Ritual bietet, weil es möglich macht, einander Liebe zu zeigen, ohne dass man in den Verdacht gerät, sich anbiedern, gar Liebe erkaufen zu wollen.

Sie spüren: Ich halte hier ein Plädoyer für Geschenke, für kleine und große, für unbeholfene und solche, die ins Schwarze treffen. Ein Geschenke-Boykott ist eine Kapitulation vor der Erfahrung, die wir natürlich auch alle kennen: dass es schwierig ist, sich über die dreiundzwanzigste Krawatte zu freuen, wie es auch schwierig ist, für die Enkelin, die schon zehn Puppen in ihrem Bett liegen hat, die elfte Puppe – mit Schlafaugen und eingebauter kleiner Nachtmusik (auf Knopfdruck) – zu finden.

Das schönste Wort, liebe Freundin, das ich zu diesem komplexen Thema kenne, stammt von Antoine de Saint-Exupéry: »Schenken ist ein Brückenschlag über den Abgrund der Einsamkeit.« Das mag übertrieben klingen. Aber wenn wir diesem Satz noch einmal hinterherhorchen, vielleicht sehen wir ihn im milden Kerzenlicht dann doch anders. Nämlich: dass er von einer Wahrheit spricht, die wir nur allzu gern verdrängen.

Fotos aus der Vergangenheit und was sie dir sagen können

Geheimnisvolles Leben. Es war am Sonntag vor einer Woche. Über meine Seele hatte sich ein novembermüder Schleier gelegt. Vielleicht lag es am trostlosen Wetter, vielleicht an meiner Zufallslektüre, diesmal waren es die »Maximen« von Goethe, in denen ich lese: »Die Welt ist eine Glocke, die einen Riss hat: Sie klappert, aber sie klingt nicht.«

Sieh an, dachte ich: So war das vor zweihundert Jahren also auch schon: die Glocke, die einen Riss hat! Die Nachrichten aus Berlin, die um sich selbst kreisenden Politiker, die ermüdenden TV-Diskussionen – ja, da ist wahrlich auch nur noch ein Scheppern und Klappern, kein Klingen zu hören.

Und natürlich wurde dieses melancholische Gefühl natürlich durch den November, diesen rauen Gesellen, noch verstärkt. Aber dann geschah etwas Wunderschönes: Es nahte Rettung! In diesem Fall war es die unterste Schublade einer Kommode aus dem Haus meiner Großeltern, die bei uns in einer Ecke eher unbeachtet ihr einsames Antiquitäten-Leben fristet und die ich –

einer unbestimmten Eingebung folgend – entschlossen öffnete.

Und was geschah! Ich war sofort gefangen. Ich stieß auf viele hundert Fotos, die auf Erlösung warteten – auf Erlösung von der Zufälligkeit, mit der sie dort ungeordnet aufbewahrt wurden.

Lauter Dokumente gelebten Lebens: Hochzeitsbilder, Kindstaufe, Schnappschüsse von den ersten Ferienreisen, Cervia und Cesenatico an der Adria waren die ersten Dolce-far-niente-Stationen, und – siehe da! – mein erster VW, der sich mit Zwischengas auf den Großglockner quälte ...

Jedes Bild eine Geschichte – und auf den meisten Bildern: Lachen, Umarmungen, Albernheiten, Übermütiges. War das Leben, das ich hier sah, wirklich eine einzige Sause? Selbst die kleinen 6 x 9-Bilder, mit der schwarzen Boa eingefangen, die man sich vor den Bauch hielt, um von oben im Sucher das Motiv zu finden, selbst diese oft verwackelten, unscharfen Bilder – weit entfernt von der heutigen Vollglanzpracht der digitalen Fotografie – zeigten eines: Wir strotzten damals vor Lebensfreude!

Ja, die Botschaft all dieser Bilder war: Junge, du hast ein tolles Leben gehabt. Auf der Sonnenseite. Wirtschaftswunderlich verwöhnt. Immer nach oben – die schönste Zeit, die es in Deutschland je gab.

Aber dann gab es plötzlich noch einen zweiten Blick auf diese Bilder. Auch dies geheimnisvoll: Da, der Kollege, der mich auf dem Betriebsfest so herzlich umarmt, hatte er nicht hinter meinem Rücken in seiner Gier nach Karriere versucht, mich aus dem Anzug zu boxen? Und dort das verwunschene Hotel in Amalfi: Bin ich nicht nach einer Lärmhöllennacht geflüchtet? Und schließlich entdecke ich auf einem Foto meinen allerallerallerbesten Freund, den Charmeur – hatte er nicht meine Frau »angebaggert«, als ich wochenlang in der Klinik liegen musste?

Und nicht zu vergessen, wenn auch erst auf den letzten Blick: das Erschrecken darüber, wie viele von den vielen Menschen, die hier am Sonntagmorgen noch einmal in meiner kleinen privaten Fotoschau Revue passieren, in den vergangenen Jahren längst die große Reise angetreten haben, sie sind nur in Schwarzweiß oder in Farbe noch einmal zu sehen, aber kein Laut mehr, kein Lachen, keine vertraute Stimme – nur Schweigen.

»Was ist Leben? Ein Schatten, der vorüberstreicht, ein armer Gaukler, der eine Stunde lang sich auf der Bühne zerquält und tobt, dann hört man ihn nicht mehr« – so Schiller, der andere Dichterfürst aus Weimar. Kein Poetenwort trifft besser, was ich beim Anblick dieser Bilder auch spüre: Man kann die Glücksmomente des Lebens zwar optisch einfangen und festhalten, man kann die Bilder in Alben kleben, man kann sie ordnen nach Familie, Freunden, Reisen, Festen …

Aber was man nicht kann, ist dies: Die Gedanken abblocken, die sich beim Betrachten einstellen. Und diese sind wie das Leben selbst: mal himmelhoch jauchzend, mal zu Tode betrübt. Das einzige Glückgefühl – und darum wurde es doch noch ein schöner Morgen: All diese Erinnerungen kann mir keiner nehmen, sie sind im sicheren Land der Vergangenheit – wie in einem Schweizer Tresor. Niemand kann sie mir stehlen, die schönste Botschaft dieser alten, oft schon vergilbten Bilder.

Gefühle, die nur ein alter Koffer schenken kann

Der Satz kam am Frühstückstisch so leise daher, als sei er eigentlich gar nicht gesagt worden, aber wenn es um Bruch mit Traditionen geht, werde ich ganz hellhörig, funktioniert meine eingebaute innere Alarmanlage und signalisiert mir: Vorsicht, jetzt heißt es aufpassen!

Denn was ich soeben von meiner Frau hörte, das schmerzte schon sehr: »Ich habe übrigens den alten Lederkoffer im Keller zu den Sachen gelegt, die morgen abgeholt werden.«

… den alten Lederkoffer … Ich weiß nicht, ob Koffer fühlen, was Menschen so spöttisch daherreden, aber wenn mein Koffer – mein geliebter Koffer! – es hören könnte, er würde sich empören. Ein Tod auf dem Sperrmüll, das kann doch nicht euer Ernst sein, nach all den vielen gemeinsamen Jahren.

Ich gebe zu: Beim letzten Zwischenstopp in Frankfurt muss er auf den kilometerlangen Laufbändern einen entscheidenden Schlag wegbekommen haben – zerbeult, am Schloss aufgerissen, er sah wirklich erbärmlich aus, als er den Atlantikflug hinter sich hatte.

Und vermutlich fiel der Sperrmüll-Entschluss, als meine Frau meinen geliebten Koffer zwischen all den Luxusvariationen sah, die eine gigantische Koffer- und Verpackungsindustrie uns heute beschert.

Ich hörte plötzlich, wie mein alter Lederkoffer mir zurief: Sei kein Schuft, verrate mich jetzt nicht, mein letztes Stündlein ist noch nicht gekommen, ich bin immer noch reisefähig, ich bin mit meinen vier Jahrzehnten zwar der Oldie unter allen Koffern; muss ich in irgendeiner Gepäckaufbewahrung warten, dann sollst du mal sehen, wie ehrfürchtig ich von den anderen Koffern, dieser modischen »luggage«, mit ehrfürchtigem Respekt behandelt werde.

Dann muss ich, lieber Freund, sogar Geschichten erzählen von all den Abenteuern, die ich mit dir erlebt habe. Denkst du beispielsweise noch an New York, als ich zu spät kam, weil das Gepäck »automatisch umgeladen« wird, was natürlich nicht immer klappt, und der Smoking zur großen Hochzeitsfeier fehlte, du musstest nachts noch schnell einen neuen besorgen, in Deutschland unmöglich: Ladenschluss.

Und dann dies: Du hast mir doch im King David Hotel in Jerusalem eines ganz fest versprochen: Hier kommen wir noch mal her, den Blick auf die goldene Kuppel des Felsendoms wollten wir unbedingt noch einmal genießen. Erinnerst du dich?

Koffer sind Schatztruhen der Erinnerungen. Einmal hatte ich etwas Seesand aus Sylt in einer meiner vielen Seitentaschen versteckt, und als du kurz vor Weihnachten für eine Geschäftsreise ins kalte Frankfurt gepackt hast und der Sand plötzlich durch deine Finger rieselte, da spürte ich, wie eine unbändige Sehnsucht nach Sommer und Sonne und Meer in dir aufstieg. Solche Gefühle schenkt nur ein Koffer.

Verstehen Sie nun, dass ich meinen zerknitterten geliebten Lederkoffer behalten will und dass ich gleich in den Keller gehen werde, um ihn zu retten vor dem Abtransport, auch wenn ich zugeben muss: Es gibt natürlich schönere, leichtere, praktischere Exemplare. Aber wenn er, meist als Letzter, auf dem Gepäckband am Airport angerollt kommt, dann werde ich immer schon ganz schön sentimental.

Eines hat sich allerdings verändert: Früher war der schönste Augenblick, wenn ich meinen Koffer packte, auf zu neuen Zielen – »Wir wollen heiter Raum und Raum durchschreiten, an keinem wie an einer Heimat hängen« –, und ich mir vorstellte, wie es sein wird, wenn ich ihn am Ziel wieder auspacke: diese unbändige Vorfreude, in diesem Leben für kurze Zeit einzusteigen in ein völlig neues Leben, wie es eine Reise schenken kann.

Und heute? Heute ist der schönste Augenblick traurigerweise, wenn ich ihn zu Hause auspacke, wenn alles gut überstanden ist, keine Verspätungen, Umleitungen, Terror – selbst ein Eichendorff würde heute vermutlich dichten: »Wem Gott will rechte Gunst erweisen, den schickt er in die weite Welt – und wieder heil zurück.«

Das Glück im Sommer, wenn all die anderen im Urlaub sind

Sommerglück in leeren Städten, was für ein herrlicher Genuss. Wir gehen so leicht wie selten durch die Straßen unserer Stadt – und alles gehört uns. Die Parkplätze sind leer gefegt wie von Geisterhand. In den Geschäften sind die Menschen von nie erlebter Duldsamkeit, die Verkäuferinnen lächeln. Kaum Gedränge, Geschiebe, Eile, in den Cafés, in den Parkanlagen: Überall ist Platz und Weite. Und wann immer wir an eine Kreuzung fahren, die Ampel springt rechtzeitig auf Grün, so leer war es schon lange nicht mehr.

Es ist wahrlich ein Glück, jetzt in den Städten zu sein. Die Ferienzeit hat die Menschen herausgeholt, sie sind an der See, im Gebirge, im Ausland, vielleicht in anderen Städten, aber sie sind nicht hier. Sie haben Zeitungen abbestellt, Rollos geschlossen, sie glauben, sie hätten den ganzen Stress hinter sich gelassen, aber seltsam: Der Stress hat sich für uns, die wir daheim geblieben sind, verflüchtigt, seit die Urlauber davongefahren sind.

Nun geht plötzlich alles viel schneller, es gibt weniger Reibungen, Gewarte; wir flanieren durch

Ladenstraßen wie auf einer Kurpromenade. In den Straßenschluchten hält sich die Hitze noch, wie ein gefangenes Tier. Aber fahren wir abends schnell an den Stadtrand, spüren wir den Wind in den Bäumen, und das goldgelbe Licht, das wir bei der Heimfahrt über den Kirchenkuppeln sehen, ist von unwirklicher Schönheit – das soll ein Ferienort unserer Stadt erst einmal nachmachen!

Wir spüren natürlich noch Autolärm, hören quietschende Taxis, auch den Presslufthammer um die Ecke, wir sehen Rauchwolken im blauen Himmel, aber alles ist nicht so bedrückend, so beklemmend, und das spiegelt sich in uns wider: Wir haben mehr Zeit füreinander. Weil um uns herum so viele verreist sind, genießen wir ein neues Lebensgefühl: Wer nicht auf Ibiza sein kann, weil er in Duisburg zu tun hat, gewinnt Abstand. Und wir ersteigen einen Gipfel der Erstaunlichkeit: Obwohl viele von uns sogar mehr zu tun haben als sonst, fällt uns vieles leichter, geht vieles besser von der Hand.

Und wenn dann die Postkarten der Urlauber kommen – »Hier ist es himmlisch ruhig« –, dann lächeln wir. Und nur in wenigen Augenblicken, vielleicht beim Anblick eines Prospektes, denken wir, dass der Blick aufs Meer vielleicht doch noch schöner sein könnte als der auf die dunklen Fenster rundum in der Nachbarschaft. Aber das stört nicht ernstlich unser Spiel, auch wir beabsichtigen nicht, den Sommer draußen vor der Tür stehen zu lassen.

Wenn wir, die Daheimgebliebenen, ganz ehrlich sind, dann müssen wir sagen: So könnte es eigentlich bleiben! Ein bisschen hitzefrei. Ein bisschen mehr Lässigkeit – Schnelligkeit. Der offene Kragen – aber dafür schnellere Entscheidungen und Wege. Denn da gibt es ein stilles Einverständnis, fast eine Verschwörung, zu arbeiten und zu genießen. Diese Doppelbegabung ist selten, bei uns Deutschen allemal. Aber wir spüren etwas davon im Sonnensommer. Aber leider wissen wir auch, dass es nicht so bleiben wird in unserer Stadt: Schon bald kehren die gebräunten Menschen zurück, tatendurstig – und all unsere Ruhe wird verfliegen wie ein Traum.

Eine gute Ehe ist das Gefühl, dass das Leben vorher nicht von dieser Welt war

Da ist die Frage nach dem Glück meiner Ehe, die Frage, ob es Zufall, Schicksal oder nur Kunstfertigkeit ist, eine Ehe richtig zu steuern, über viele Jahre. Diese Frage zielt in die verschwiegenen Winkel des Glücks, sie beantworten heißt: das Wesentliche preisgeben. In meiner Ehe, die die »goldene Hochzeit« längst hinter sich hat, die ich als glücklich bezeichnen darf, setzt sich das Glück aus mehreren kleinen Geheimnissen zusammen. Ich will versuchen, sie aufzuzählen.

Das erste Geheimnis: Das Glück einer Ehe hängt von dem richtigen Zeitgefühl ab, von der Kunst, mit der Zeit umzugehen.

Für uns zielt die Ehe ins Endlose. Der Gedanke, dass wir sie wie einen elektrischen Apparat abschalten können, ist uns nie gekommen. Selbst bei Konflikten – sie kommen vor, sind wie Gewitter, haben nichts zu bedeuten, verändern keinen Sommer, nehmen dem Himmel nicht sein Blau – war dieser Gedanke niemals dabei: Man könnte ja auch miteinander Schluss machen. Und wenn sich dieser Gedanke einzuschleichen versuchte – in einem Augenblick der Ermattung, der Verzweiflung –, wir haben ihm nie eine Chance gegeben.

Die Zeit spielt aber nicht nur bei der Abwehr von Gefahren eine Rolle, die Zeit ist viel wichtiger beim Gewinn der Ehe. Jeder Tag ist ein Stein im Mosaik. Da sind auch bei uns Tage mit Leerlauf, blasse Tage, Tage im Büro, an denen man glücklos ist, Tage im Haushalt, da die Frau zu ersticken droht, trübe Tage mit den Kindern, an denen man sich fragt, wozu man dies alles auf sich genommen hat – es sind die farblosen Steine, sie gehören dazu, sorgen dafür, dass die bunten Steine umso kräftiger leuchten. Wer über fünfzig Jahre alt ist, weiß: Nicht jeder Tag lässt sich in leuchtende Farbe verwandeln. Aber er weiß auch: Jeder Tag ist eine neue Chance.

Meine Frau weiß, dass ich ihr an jedem Morgen eine Rose an ihr Bett stellen möchte, damit ihr erster Blick auf ein Zeichen meiner Liebe trifft. Dass diese Rose zu selten dort steht – erkennt sie an, als Opfer dessen, was sie selbst so hasst wie ich: die Routine des Alltags, dieses Gefühl, vom Alltag aufgefressen zu werden.

Aber das Leben besteht – je älter man wird, umso deutlicher spürt man es – vor allem aus den Möglichkeiten, weniger aus dem, was tatsächlich geschieht. Ich habe gefunden, dass – bei Frauen noch mehr als bei Männern – das Leben aus Träumen gemacht ist. Würde ich aus den Träumen meiner Frau verschwinden, es wäre der Anfang vom Ende. Es ist nicht wichtig, dass der Ehemann täglich seiner Frau eine rote Rose schenkt, wichtig ist, dass die Frau immer damit rechnen kann, dass es geschieht (und hin und wieder sollte es, um die Phantasie nicht zu überfordern, auch geschehen). Das Operettenlied »Es kommt auf die Sekunde an bei einer schönen Frau« gilt immer noch – auch bei der eigenen Frau.

Das zweite Geheimnis: Das Glück einer Ehe hängt von der Verkleinerung ab, von der Kunst, alles zu begrenzen. Was heißt das?

Wenn man ein Fotonegativ endlos vergrößern will, wird das Bild unscharf; will man einen Luftballon zu weit dehnen, platzt er; möchte man die Ehe in den Himmel stemmen, besteht die Gefahr, dass sie auf der Erde zerbricht. Als ich mit meiner Frau zum ersten Mal in Rom war, fünf herrliche Tage lang, als wir dann für den Rest der Ferien zum Baden nach Anzio bei Rom fuhren – da waren wir, den Wagen vor dem Hotel, öfter in Versuchung, »eben noch mal schnell« nach Neapel zu fahren, in die viel besungene Bucht von Sorrent, nach Capri vielleicht – ein Tagesausflug wäre das Ganze gewesen, so leicht zu machen. Aber wir haben diesen Ausflug nicht gemacht. Wir haben Neapel und Capri damals nicht gesehen, und wir wissen, dass dies richtig war.

Ich will mit diesem Beispiel nicht sagen, dass eine Ehe gefährdet ist, wenn man zwei Orte in drei Wochen besucht – ich will nur sagen: Wir haben herausgefunden, dass Begrenzung in die Weite führt, dass es sinnlos ist, alles Erreichbare nur deshalb erreichen zu wollen, weil es erreichbar ist. Wenn ich ein Auto habe und kein zweites brauche, ist es sinnlos, dass ich mir ein zweites Auto kaufe, nur weil es mit einem großen Rabatt zu haben ist.

Eheleute müssen sich darüber einig sein, was sie nicht brauchen. Das ist wichtiger als die Verständigung darüber, was sie brauchen. Wenn ich mich umschaue, sehe ich viel zu viele Ehemänner, die darüber sprechen, was sie demnächst einmal tun wollen: Es mag eine Anschaffung, ein Möbelkauf, eine Reise, ein Ausflug, ein abendliches Essen zu zweit sein. Wenn Männer wüssten, dass die Zukunft immer schon begonnen hat, wenn sie begreifen würden, dass jeder Tag, der für eine Frau ohne Zärtlichkeit vergeht, die Frau dem Alter doppelt schnell in die Arme treibt!

Die Zärtlichkeit aber liegt immer in den kleinen Dingen, in den heimlichen Gesten, in dem bewussten Sichhinwenden zur geliebten Frau. Das braucht Zeit und Ruhe und Kraft und wieder Zeit.

Das dritte Geheimnis: Das Glück einer Ehe hängt vom Loslassenkönnen ab, von der Kunst, dem Partner »sein Leben« zu gönnen.

Die Frau, die ich liebe, ist eines Tages in mein Leben getreten. Es ist dabei herrlich eingerichtet, dass man an dem Morgen eines solchen Tages noch nicht weiß, wie sehr sich plötzlich alles verändern wird. Das ganze Leben, jeder Tag und jede Stunde, wird von nun an anders laufen – wie viele Fehler, wie viel Törichtes würde man nicht tun, wüsste man um die Wichtigkeit, die in dieser ersten Begegnung liegt!

Ich glaube, dass es darauf ankommt, sich ein Stück von diesem ersten Zueinanderfinden zu bewahren, die Entblätterung der Seele zu verzögern, sich hinzugeben, ohne sich aufzugeben. Das darf keine kalkulierte Absicht sein, aber man muss hin und wieder einen Schritt zurücktreten, um den anderen wieder in seiner ganzen Gestalt zu sehen – und neu zu sehen. Praktisch heißt das: Ich fahre mal ein paar Stunden, seltener auch Tage, allein fort, oder meine Frau – wir nehmen die Trennung bewusst auf uns, wir spüren mit jedem Tag, der allein verrinnt, was wir uns bedeuten. Sie fällt uns schwerer, diese Trennung auf Zeit, je älter wir werden, ein gutes Zeichen, wie ich meine.

Damit bin ich beim letzten, wohl wichtigsten Geheimnis: Wir nehmen, von Tag zu Tag mehr, den Tag als Geschenk entgegen. Der Morgen ist eine bunte Kugel, die wir bestaunen; mit dem

Abend verlöschen die ungenützten Chancen. Die Bilder des Lebens wechseln immer schneller, wir wissen beide: Unendliches haben wir noch zu besprechen, die Frage nach dem Sinn all unseren Tuns, die Frage nach Gott, die Frage, ob wir unseren Kindern genug sein können – alles, alles wartet noch.

Eine gute Ehe? Eine gute Ehe ist das Gespräch ohne Anfang und ohne Ende. Eine gute Ehe ist das Gefühl, dass das Leben vorher nicht von dieser Welt war, dass eigentlich alles erst begann, als der geliebte Mensch kam. Eine gute Ehe ist für einen Mann die große Chance, die ganze Welt zu umarmen – in seiner Frau.

Hochzeitsrede eines Vaters: Eltern können ihre Kinder nie verlassen

Meine liebe Tochter. An diesem Hochzeitstag, da du in dein eigenes Leben eintrittst – da stehe ich, dein Vater, mit einer Art von Hilflosigkeit am Wege, die so ganz anders ist als jede Art von Hilflosigkeit, die ich sonst in meinem Leben erfahren musste. Es ist die Hilflosigkeit des Glücks. Es ist das Gefühl, dass meine Wünsche sich schneller verbrauchen als deine Schritte vorwärts gehen – und es ist ein ehrliches Stück Abschied in diesem Tag: Lass mich nachdenken, was ich dir mit auf den Weg geben kann, ohne dass du überfordert wirst. Eine Hand voll Wünsche also, mehr nicht.

Da wäre zunächst mein Wunsch, dass dein Mann es ehrlich mit dir meint, dass er in dir nicht nur die Frau sieht – sondern den Menschen. Der Reiz, den Jugend und Schönheit ausmachen – beides ist ein Geschenk, beides verflüchtigt sich, viel schneller, als man ja glaubt –, reicht nicht aus für eine gute Ehe. Größere Chancen gebe ich dem Gefühl des gegenseitigen Besorgtseins. Eure Ehe sei ein einziges langes, gutes Gespräch. Der Kuss ist eine herrliche Sache – aber die Hand, die noch einmal zärtlich über dein Gesicht streicht, während du schon im Einschlafen bist, verrät dir, wie es – nicht um die Verliebtheit, sondern um die Liebe, die allein von Dauer ist – wirklich bestellt ist.

Dann wünsche ich dir, dass du eine wunderbare Gabe nicht verlierst: an die Sonne zu glauben, auch wenn sie hinter Wolken verborgen ist. In der Ehe wird es diese verhangenen, trostlosen Tage geben, denn die Ehe ist ein Teil des Lebens, und auch dieser Teil unterliegt den Gesetzen des Lebens: Es gibt keinen Naturschutzpark für Eheleute, es gibt keine Schonzeit für die Liebe. Der Ärger mit dem Beruf, die leidige Sache mit dem Geld, die Hoffnungslosigkeit, die den Menschen zeitweise in die Tiefe zieht, leider auch Krankheiten, all das wird vor eurer Haustür nicht Halt machen.

Ich wünsche dir, drittens, Kinder. Jedes Kind ist ein Händedruck mit der Zukunft. Kinder lenken den Blick nach vorn. Die Gegenwart ist lebendiger – und es bleibt weniger Zeit, sich um sich selbst zu drehen wie ein Brummkreisel: Kinder schärfen den Blick für das Wesentliche und das Beglückende.

Darf ich, als Nächstes, einen Wunsch vortragen, der auf den ersten Blick etwas sonderbar klingt: Ich möchte dir wünschen, dass du dich freihältst von der Jagd nach den so genannten »äußeren Dingen«. Nicht, dass ich dir nicht eine schöne Wohnung wünschte oder wunderbare Reisen oder kostbare Kleider oder gute Plätze, wo immer du sein möchtest: im Theater, beim Ball, bei Gesellschaften. Aber nimm das alles nicht so wichtig. Der Tanz um die »goldenen Kälber«, von denen der Dichter spricht, ist nicht lohnend: »Halte fest: Du hast vom Leben doch am Ende nur dich selbst.« Du kannst deinem Mann, du kannst deinen Kindern, du kannst den Menschen um dich herum nur etwas sein, wenn du dir selbst etwas bist. Der wahre Reichtum besteht nicht in den Dingen, die ein Mensch besitzt, sondern in den Dingen, die er bekommen könnte: Die Möglichkeiten sind von größerer Faszination als die Erfüllung. So nimm auch diesen Tag der Hochzeit nicht als Tag der Erfüllung, sondern als den Tag des Beginns.

Eine Hand voll Wünsche, mehr nicht, so habe ich es versprochen. Darum hier mein letzter Wunsch, und er ist so einfach, dass ich ihn kaum zu nennen wage: Ich wünsch dir Glück; pures, schieres, einfaches Glück. Ich kenne zu viele Menschen, die trotz allem Fleiß, aller Aufrichtigkeit, aller Mühsal ein Leben ohne Glanz führen. Die immer, wohin sie auch gehen, an eine Mauer stoßen; deren Augen wie blinde Spiegel sind; deren Ohren selten einen Jubelschrei hören; deren Hände nur Arbeit kennen – und die einen zärtlichen Gegendruck kaum gespürt haben. All diese Menschen haben auch nur ein Leben zu leben, all diese Menschen bekommen keine zweite Chance. Man braucht einen Schuss Glück, sonst geht es nur schwer voran, und darum wünsche ich dir dieses Glück.

Die Tür, die heute hinter deiner Kindheit und Jugend ins Schloss fällt, an diesem Tage, zu dieser Stunde – sie fällt nicht ins Schloss: Sie bleibt einen ganz kleinen Spalt offen. Der Spalt ist zu klein, als dass du zurückkönntest, mein Kind – aber er ist groß genug, dass deine Eltern immer ganz schnell zu dir kommen können, wenn du Hilfe oder Rat brauchst.

Der »Ferienkünstler« weiß nicht den ersten, sondern letzten Ferientag zu schätzen

Eine Reihe schöner Tage liegen hinter uns, Ferientage, seidenweich, sonnenverwöhnt. Und wir wussten natürlich, dass er kommen würde, aber wir hatten den Gedanken immer wieder verdrängt. Aber nun ist er plötzlich da: der letzte Ferientag. Der Tag des Abschieds. Jetzt heißt es: Koffer packen, Zimmer räumen (bis zwölf Uhr mittags), Hände schütteln, ein verstohlenes Trinkgeld an den kleinen schmalen Ober, der so tüchtig gewesen ist. Ein Blick auf die »Nachfolger« werfen, die gleich in das Zimmer einziehen werden, in dem man so glücklich war. Eine Spur Neid flackert da plötzlich auf. Der letzte Ferientag und der erste Ferientag begegnen sich, ungleiche Brüder.

Und dann sitzt man im Auto, ein letztes schnelles Winken, ein paar Kurven, der Ferienort liegt schon sechs, acht Kilometer zurück, die Tachonadel steigt auf hundert Stundenkilometer, eben hat man die gefährliche Kreuzung überfahren, bei der es auf dem Hinweg beinahe gekracht hätte – wie nervös ist man damals gewesen, wie abgespannt. Und nun geht es glatt nach Hause. Nicht der erste Ferientag ist der schönste, wie ich früher immer dachte, vor allem, als ich noch zur Schule ging – heute, da so vieles schief laufen kann, ist der letzte Ferientag der schönste!

Am Beginn, da ist noch alles unsicher. Wie wird das Hotel sein? Liegt das Zimmer am Fahrstuhl? Kannst du nachts schlafen, oder ist der Parkplatz mit knallenden Wagentüren vor dem Haus? Das Meer – ist es so sauber und blau, wie es in den Prospekten ausschaut? Die Liebe, von der so viel Verheißungsvolles unter dem Stichwort Urlaub notiert wird, muss sich jetzt zu ungeahnten Höhen aufschwingen – wird ihr das gelingen? Die Zimmermädchen, werden sie ehrlich sein, man hat ja so ein paar wertvolle Sachen herumliegen? Wenn man plötzlich einen Arzt braucht, er wird ja aufzutreiben sein. Und von zu Hause werden keine Nachrichten kommen, die den Ferientraum zerplatzen lassen. Und die Sonne wird unermüdlich scheinen, das ist doch »inklusive«.

Es wird alles sommersonnenwarm und schön sein, die zwei, drei Wochen, aber insgeheim wissen wir natürlich, dass es auch alles nicht so sein könnte. Dass irgendetwas dazwischenkommt. Etwas, woran wir am ersten Ferientag nicht denken mögen, wenn wir unsere Koffer auspacken.

Der erste Ferientag, der viel gelobte, sagt: Seht her, mit mir beginnt die schönste Zeit des Jahres. Alles habt ihr noch vor euch, eine Kette schöner Tage, Nichtstun, Liebe, Zärtlichkeit. Der letzte Ferientag – der von vielen so gefürchtete – aber antwortet: Ich allein kann sagen, ob die Zeit schön gewesen ist. Ob das Amüsement reichte. Ob die Liebe kam. Ob unsere Augen die Welt der schönen Bilder gesehen haben. Ob alles ohne Ärger und Störungen abging. Ja, der wahre Ferienkünstler weiß den letzten Ferientag zu schätzen.